一声狂笑　半个盛唐——李白传

随园散人 著

满江红

独自凭栏,古今事,晴空月照。金樽里,浮生如梦,去来飘渺。古剑难平阡陌恨,大鹏易至蓬莱岛。须尽欢,醉意满湖山,轻归棹。

踏清秋,行人少;悲白发,敬亭老。又兴酣,沧海纵横吟啸。揽月但嫌知己远,举杯谢却君王召。酒中仙,风雨任飘摇,仰天笑。

——随园散人

酒入豪肠,七分酿成了月光,余下的三分啸成剑气,绣口一吐就半个盛唐。

——余光中

序言：
独来天地，独往江湖

岁月，是一场静默的狂欢。

生命如尘，在飞扬或落定中，等待被认领。

遥远的旅程中，我们亦认领岁月，潮起和潮落，花谢与花开。

岁月漫长无际，于青史却不过是寥寥几册，细想无非是浮沉起落。再华美的物事，过去了便只剩一袭尘埃。衣带生风的魏晋，诗酒翩然的唐宋，都去得太远，望过去可见无数或悲或喜的身影，临流把酒，对月赋诗，然后蓦然转身，将背影留给后来的人们。于是，关于他们，我们看到的便只有故事。

这样的故事里，不能没有李白的名字。

诗意流淌，剑气纵横，是他。

傲岸不羁，放浪形骸，是他。

他在酒杯里，看摇摇晃晃的红尘；或者，他在酒杯外，看寻寻觅觅的众生。他所在的地方，叫盛唐。风花雪月，聚散离合，都在诗酒中疏疏落落。湖山日月，市井天涯，有了平仄，有了韵脚，便有了说不尽的兴味。

灯火下的大唐，是太平盛世模样。

风情与风姿，风流与风骨，尽在其中。

那里，有杜甫与王维，有王昌龄与孟浩然。还有许多纵逸的人们，以诗之名，构筑了一个时代的大气和潇洒。在这样的时代气韵里，李白过着自己的人生，快意却也萧瑟。

所有的狂欢里都有落寞，所有的沉醉里都有清醒。

看上去，他醉意翩跹，说浮生若梦。其实，那只是他在诗里的模样。诗酒之外，他必须面对真实的人生。蔓草荒烟，山重水复，几乎未曾远离。他是天才的诗人，亦是任侠的剑客，可以把酒揽月，可以纵横四方，但是红尘于他，终究是一棹天涯。

他说，天生我材必有用，千金散尽还复来。

他说，大鹏一日同风起，扶摇直上九万里。

但他也说，抽刀断水水更流，举杯消愁愁更愁。

长安市上酒家眠，天子呼来不上船。他是这般狂放，但仔细看去，这样的狂放里，分明有郁郁不得志的悲伤。华年盛世，湮没了他所有的雄心壮志。于是，所有的不羁放纵，都带着几分长歌当哭的味道。

当盛唐的华章被踩碎，他只得在夹缝中流离。最后，在流浪中寂寞收场。诗意再满，性情再傲，也敌不过现实。写尽风华，却写不出一段完满人生。

人生这场戏，我们到底只是戏中人。起承转合，我们都无法亲手书写。华丽与缠绵，只是戏里情节。戏外的人生，是落幕后的歌尽灯残。

举杯邀明月，对影成三人。那是李白的身影。

他始终是流浪的。西风古道，瘦马天涯。

幸好，月光常在，酒杯常在。杯酒慰风尘，很无奈。

独来天地，独往江湖。这便是人生。

目 录
contents

第一卷：蜀中修业 /1

1/ 梦回大唐

7/ 诗仙零落人间

11/ 少年不识愁滋味

16/ 作赋凌相如

21/ 丈夫未可轻年少

26/ 书剑许明时

第二卷：仗剑远游 /32

32/ 辞亲远游

37/ 人在江南

42/ 古道有风，岁月无岸

48/ 眼前有景道不得

53/ 初至长安

58/ 寂寞终南山

第三卷：红尘辗转 /64

64/ 行路难，归去来

70/ 人生如逆旅

76/ 桃花岩闲居

81/ 失意襄阳城

86/ 萍踪无定

91/ 浮生若梦，为欢几何

第四卷：翰林待诏　/98

98/ 竹溪六逸

103/ 长啸万里清风来

109/ 我辈岂是蓬蒿人

114/ 翰林待诏

119/ 天子呼来不上船

124/ 长安月冷

五卷：诗酒天涯　/130

130/ 赐金放还

135/ 长风破浪会有时

140/ 飞蓬各自远

146/ 长安不见使人愁

151/ 达不足贵，穷不足悲

156/ 南风吹归心

第六卷：乱世漂泊 /162

162/ 幽州之行

167/ 相看两不厌，只有敬亭山

173/ 遥传一掬泪

178/ 独啸长风还

183/ 乱世奔亡

188/ 此去钓东海

第七卷：何处归程 /194

194/ 为君谈笑静胡沙

200/ 身陷囹圄

205/ 卧病宿松山

210/ 流放夜郎

216/ 为君槌碎黄鹤楼

222/ 此去无声

第一卷：蜀中修业

每个人，都是这人间的行客。
匆匆地走着，将人生踩成陈迹，或悲或喜。
红尘的所有风景，都只是刹那瞥见。
然后，蓦然转身，从此不见。

梦回大唐

时光寂静，红尘娑娑。
所有的过客，或许都是归人。
就像，所有的尘埃终将落定无声。
这世界，若说苍白，便是日光下的喧嚷不休；若说绚烂，便是行路上的芳菲无尽。世间从不缺风景，缺的是看风景的人。芳草斜阳，古道烟雨，并未疏远任何人。是人们，于忙碌挣扎之间，忘了山水，少了清味。
海德格尔说，人诗意地栖居在大地上。
大概是这样，在世间兜兜转转，然后悄然离开，便自有了几分诗意。而真实的情况是，走在光阴之上，人们往往习惯于寻找厚重，几乎遗忘和舍却了轻描淡写的美好。诗意并非只有风花雪月，还有围炉煮酒，还有野渡舟横。

其实，在这个喧闹得几近狰狞的年代，诗仍是存在的。只不过，在大多数人追逐宝马香车、华屋美服的时候，诗人们只得躲在角落里，借着月光默然落笔。他们和他们笔下的文字，极少因其清雅写意而被推崇。至于箪食瓢饮陋巷，更是被人们嗤之以鼻。可以说，诗意缺失，无论对于哪个时代，都是悲哀。

为了打捞诗意，为了遇见那个叫李白的诗人，我们必须去到那个遥远的地方。一千多年前的大唐，于岁月长河，是流光溢彩的刹那；于我们，是念念不忘的小楼烟雨。无疑，那是个诗意纵横的年代，有着最唯美的情怀和韵味。从小桥流水到大漠孤烟，从山重水复到柳暗花明，从孤舟蓑笠到细雨斜风，都美得让人窒息。

所有的浅吟低唱，将那段时光勾勒得如诗如画。

许多名字，许多诗行，许多画面，组成了一场从未醒转的梦。

梦里，扁舟渡沧海；梦外，冷月照长安。

即使是经历沧桑变幻、世事浮沉，那些诗意也从未黯淡。所以，千余年后，我们还能循着那远古的诗句，走向田园和大漠、湖畔和山间，在悠然的景致里，触摸生命原本应有的清淡意味。

人间萧瑟，岁月凌乱。但我们可以让自己安静下来，于风起之时，披着月光回到梦里的远方，独上兰舟，过山过水，看看风流缱绻、诗酒流连。

大唐的天空下，诗沉睡在诗上，风流延绵在风流上，寂寞重叠在寂寞上。还有刀剑与战马、雁声与笛声，都层层叠叠，跌宕在如梦的时光里，从未远去。多情与无情，相聚与别离，美丽与哀愁，都安然无恙。

那个清晨，宣武门一片刀光剑影，浓雾被切得粉碎，散落满地归入尘土。有些生命永远地沉默，有些生命万古地风光。千百年后，依稀可见诗行的缝隙里偶尔渗出的血迹。那日的太阳照常升起，诗也就从生命陨落的地方重新长出来，再没有凋谢。

蓦然间，看到那威仪的女子坐在龙椅上，听众生山呼万岁。她是莫名而强大的存在，让众生迷惘，也让时空迷惘。可她终究远去了，只有诗，只有那些轻如风淡如月的句子，仍旧被人们时常想起。

开元盛世倒影在华清池的温泉里，那里有美人如玉，有剑气如虹，有巫山云雨。沉香亭北的栏杆上，爱情在春风里无限旖旎。诗人对月独酌，岁月在酒杯里寥落。翰林院岁月，他心中的悲伤少有人知。渔阳鼙鼓惊破了霓裳羽衣舞，君王与美人仍在梦里梦外说着长相厮守。那时候，人间凌乱，诗意也有几分凌乱。不管怎样，尘埃里的生命早已沉默，华清池的温泉早已冰冷。

江水依旧东去，繁华渐渐凋零。只有诗，只有那些清雅的情怀，仍旧清晰地点缀在那宽阔的帷幕上。静夜山空，悠闲的人看桂花飘落；重阳佳节，好饮的人把酒话桑麻。吟风赏月的寒士，谁能为他们建起广厦千万间；春江花月夜，谁在捣衣砧上拂去恋人的笑脸；秋风四起的时候，谁又在浣花笺上写着思念！

十年的扬州梦，二十四桥的明月，都在诗行里摇荡。

当薄幸之名已成为绝唱，扬州的夜晚，仍旧灯火辉煌。

辽东小妇的羌笛，锦瑟上的年华，夜光杯里的葡萄美酒，都还沉睡在月光之下。有人醉卧沙场外，有人狂歌五柳前，浔阳江畔的船上，琵琶弹得江水呜咽。泪湿青衫的江州司马，大概也曾把情衷交给月亮。

江雨霏霏的季节，无情的台城柳依旧掩映着旧时的十里堤岸。最后的岁月里，剑气四起，如最初的岁月。冲天的香阵，满城的黄金甲，那时的秋天马蹄声狂乱。

然后，长安的月亮，终于被西风吹冷。

可是，诗仍旧睡在诗上，风流仍旧延绵在风流上。

寂寞与浊酒同在，忧伤与浮云同在。

他就在那里，笔落惊风雨，诗成泣鬼神。他是李白，身处开元盛世。甚至可以说，公元八世纪，因为被他的诗照耀而风华无限。他的快意愁苦，他的恩怨情仇，厚重或清浅，都因诗而被人们百读不厌。

他是诗人，但人们更愿意称他为诗仙。

他是为诗而生的。有了诗，纵然寥落，天地间总有寄身之所。

余光中说，"酒入豪肠，七分酿成了月光，余下的三分啸成剑气，绣口一吐就半个盛唐。"这便是李白。三分豪情，七分醉意，绝世的风流潇洒。

在群星璀璨的中国文学史上，大概没有哪个文人所受关注与喜爱能与李白相比。喜欢他，不仅因为他奇绝无双的诗才，以及对于理想的矢志不移，还因为他崇尚人格自由平等的傲岸，这是即使在帝王面前也丝毫不打折扣的傲骨，是天子呼来不上船的快意不羁。

落拓豪迈的性情，大气磅礴的诗篇，纵横四方的快味，傲世权贵的清高，组成了李白独特的人生。他说人生得意须尽欢，但其实，他的人生基本是在失意中度过的。但这并不影响他举酒高歌天生我材必有用。这是属于盛唐的气质，雍容中有傲岸，醉意中有从容。可以说，李白的魅力，即是盛唐的魅力。

李白的诗才，历代文人多有赞誉。晚唐诗人皮日休说李白的诗："言出天地外，思出鬼神表，读之则神驰八极，测之则心怀四溟，磊磊落落，真非世间语者"。宋代曾巩说:"子之文章,杰力人上。地辟天开,云蒸雨降。播产万物,玮丽瑰奇。大巧自然,人力和施?又如长河,浩浩奔放。万里一泻,末势尤壮。大骋阙辞,至于如此。意气飘然,发扬俦伟。"清代的诗论家沈德潜在《唐诗别裁》里说:"七言绝句,以语近情遥、含吐不露为贵,只眼前景,口头语,而有弦外音,使人神远,太白有焉。"

唐文宗时,"李白歌诗"、"裴旻剑舞"、"张旭草书"并称为"唐代三绝"。因其诗才少有人与之媲美,文学史如此说:在中国诗歌史上,李白有不可替代的不朽地位。

诗歌之外,李白的词和散文也颇有质地,《古文观止》中有他的两篇散文;《白香词谱》录入其词二首。当然,他不仅文采盖世,还精通剑术和音律,书法亦是笔酣墨饱,雄健洒脱。

于他,天地辽阔,处处皆有快意。

他有颗纵逸之心,盛得下世间万种风情。

不仅在中国,在西方他已是备受尊崇。在历代诗人里,李白的诗歌被西方翻译得最多。联合国教科文组织审定的世界文化名人中,中国的诗人就有屈原和李白,还有一颗小行星以李白的名字命名。研究中国文化的美国诗人庞德,出版了中国古诗的英语译本,题名为《中国》,收集并翻译了十七首诗,大部分是李白的作品。比如《长干行》在美国家喻户晓。马勒的著名音乐作品《大地之歌》中采用了七首中国唐诗的德文版为歌词,其中三首是李白的作品,这在西洋音乐史上是绝无仅有的。

必须承认,李白虽是个天才的文人,能够以诗人的身份昂首走入皇宫,受到皇帝的盛情款待,但他终究只是个诗人,而非政治家,尽管他始终怀有"使寰区大定,海县清一"的远大志向。

真正的文人,可以揽月乘风,可以纵横今古,但是政治的舞台上,少有适合他们的角色。政治不是风花雪月，不是寥寥几笔的写意画，而是生死相抗。那里，多的是权谋伎俩，少的是月白风清。以李白不羁的性情，纵然涉身其中，怕也是难以走远。事实上，几百年后同样才情无双的苏轼，在周旋于政治时，多次败落，几乎丧命。

李白，经历过盛唐的太平盛世，也饱受过安史之乱的战争苦痛，他的文学成就与他的仕途经历构成了他人生中的两个冷热极端，命运总是让他在成功与失败间游走。"冠盖满京华，斯人独憔悴"，如杜甫所写，他的人生是落寞的。只不过，即使是风雨如晦，他仍是那个豪情满怀、快意从容的李白。

他的潇洒飘逸，他的卓尔不群，从未被遗忘。

那样的风流与风骨，世间再无人能学得来。

岁月无声，遗落的不仅是诗，还有情怀。

梦回大唐，看诗化的似水流年，也看诗化的悲欢惆怅。那里，寂寞的诗人在风里忧伤地长叹，悠悠天地间，前不见古人，后不见来者。那样的时光里，有人匹马天涯，怆然涕下；有人烟雨轻舟，快意湖山。所有的自在与寥落，所有的快意与无奈，都静静地安放在那里，与时光不离不弃。

这个喧嚣的年代里，诗情与诗心难以寻觅。倒是有人，用更加喧嚣的声音对酒当歌，在灯红酒绿的地方，回到千年以前。随着歌声，人们蓦然间想起，曾有一段时光，有花有月，有酒有诗，还有许多醉意朦胧的身影。那是一场叫做大唐的梦。

菊花古剑和酒，被咖啡泡入喧嚣的亭院。

异族在日坛膜拜古人月亮，开元盛世令人神往。

风，吹不散长恨；花，染不透乡愁；

雪，映不出山河；月，圆不了古梦……

诗仙零落人间

生命自有图案，我们只是临摹。

但世间的人们，都曾苦心经营，以使人生不至于落得苍白。

走了很远，回头才发现，岁月的埂上，我们日渐丰盈，却又日渐凋零。

所谓千秋万岁名，其实不过是一抹烟云。多年以后，纵然有人寻觅，也只能看到风尘深处那寥落的背影，覆了岁月的青苔，几分清冷，几分憔悴。

李白被人们奉为诗仙，因其诗才傲世，因其狂放飘逸。大千世界，山水云月，都曾在他笔下曼妙如歌。生于凡尘，却能以奇绝之才思飞天揽月，亦能以孤高之性情笑傲天下，于是人们都愿意相信，他是下凡的谪仙。尽管如此，他的人生是萧瑟的。庙堂之上，没有他提笔安天下的身影。浪迹浮萍，才是他的人生。

现在，关河日月、云水春秋，都已等在那里。

等着他到来，为之添上韵脚，吟出平仄。

这是八世纪之初。或许可以说，这是李唐王朝遗失的岁月。万里河山的顶峰，端坐着的并非李氏，而是那个叫武曌的女子。依旧是男尊女卑的社会，所有女性都在沉默度日，而她威严地坐在龙椅上，在洛阳城，在她的武周王朝。文武百官大概都曾无数次想起牝鸡司晨这个词，但在朝堂之上，他们不得不仰望着她，山呼万岁。

这不是历史的暗角。应该说，只是个插曲。

多年以后,翻开那段历史,人们已不再惊愕。

其实,山河岁月,没有人能做得了主。

在她俯视众生的时候,岁月只是淡淡摇头,笑而不语。

就政绩来说,武则天做得并不差。尽管为了巩固统治,先是将长孙无忌、褚遂良等人逐出朝廷,后来又启用酷吏,但她也曾发展科举,整顿吏治;也曾严惩贪吏,拔擢贤才,广开言路;也曾轻徭薄赋、与民休息。"政启开元,治宏贞观",或许并非谬赞。

在武则天君临天下的第七年,造明堂,建天枢,中岳封禅,相继成功,志得意满,权力鼎盛,于是铸九鼎以显君威,置于通天宫。她亲自撰写了铭文《曳鼎歌》:

羲农首出,轩昊膺期。
唐虞继踵,汤禹乘时。
天下光宅,海内雍熙。
上玄降鉴,方建隆基。

以三皇五帝这些圣君自况,可见其气魄非凡。不过,夜深人静的时候,她却会时常读起多年前写的那首《如意娘》。那时候,她在感业寺,聊寄相思。曾经,她也是弱柳扶风的小女子。

看朱成碧思纷纷,憔悴支离为忆君。
不信比来常下泪,开箱验取石榴裙。

武则天长安元年(701),李白出生,字太白。

因其在族兄弟中排行十二,所以常被朋友们称作李十二。

李白祖籍陇西成纪（今甘肃秦安县），诞生于西域碎叶城（当时属于唐安西都护府管辖，今吉尔吉斯斯坦托克马克附近），隋末兵连祸结，其祖先从内地迁徙至此。

李白的出生地，历来争议颇多。

魏颢《李翰林集序》记载："白本家陇西，乃放形，因家于绵。身既生蜀，则江山英秀。"李阳冰《草堂集序》记载："神龙之始逃归于蜀，复指李树而生伯阳。"刘全白《唐故翰林李君碣记》记载："君名白，广汉人。"

关于李白的身世，唐代时就讳莫如深，只知其父名李客，但对其祖父、曾祖父，史料并无记载。李白自己也很少谈及家世背景，偶有所及，也往往只提远祖，讳言近亲，闪烁其辞。

《草堂集序》云："李白，字太白。陇西成纪人，凉武昭王暠九世孙。蝉联圭组，世为显著；中叶非罪，谪居条支，易姓与名。然自穷蝉至舜，五世为庶，累世不大曜，亦可叹焉。神龙之始，逃归于蜀，复指李树而生伯阳。"

范传正《唐左拾遗翰林学士李公新墓碑并序》云："公名白，字太白，其先陇西成纪人。绝嗣之家，难求谱牒。公子孙女搜于箱箧之中，得公之亡子伯禽手疏数十行，纸坏字缺，不能详备，约而计之：凉武昭王九世孙也。隋末多难，一房被窜于碎叶，流离散落，隐易姓名。故国朝以来，漏于属籍。神龙初潜还广汉，因侨为郡人。父客，以逋其邑，遂以客为名，高卧云林，不求仕禄。公之生也，先府君指天枝以复姓。"

明末曹学全《蜀中名胜记》载有碑文内容："白本宗室子，其先避地客蜀，居蜀之彰明，太白生焉"。接着提到此事的乃宋人杜田。

延至当代，台湾学者罗香林认为，李白乃李建成之后。韩维禄 1988

年撰文《李白"五世为庶"当为李建成玄孙解》论证李白乃唐宗室,李建成玄孙。持同样观点的徐本立1990年发表《李白为李渊五世孙考》亦认为李白应为凉武昭王十二世孙、太祖李虎七世孙、高祖李渊五世孙、太子建成玄孙。

是否为李唐宗室,终究是扑朔迷离。

事实长埋尘土,任凭人们猜测。

所有的推敲考证,面对的都是沉默的历史。

其实,李白生于何地,家世如何,早已不重要。重要的是,他对着风月乾坤吟咏的词句,千余年后仍旧荡涤着时光。繁芜喧闹的尘世,那仍是清流冷涧,让浮世中奔忙的人们偶尔驻足沉默,找寻生命该有的淡净轻悠、辽阔自在。

他是唯一的李白。无需谁为其加冕,无需借用谁的声势。

他在诗的世界自有风骚。诗酒在手,傲然在心,已经足够。

与他的诗相比,王侯将相、名利繁华必然失色。

当然,喜欢他的人们,终究免不了俗,一厢情愿地找寻着。

关于李白名字的由来,李阳冰的《草堂集序》中说:"逃归于蜀,复指李树而生伯阳。惊姜之夕,长庚入梦。故生而名白,以太白字之"。范传正的《唐左拾遗翰林学士李公新墓碑》中写道:"公之生也,先府君指天(李)枝以复姓,先夫人梦长庚而告祥,名之与字,咸取所象"。长庚即金星,古代又称太白金星。

还有种说法是,李白七岁时,父亲李客才给他取了这个名字。父母酷爱读书,希望儿子做个风雅之人。那日,于庭院散步时,见春日里树木葱翠,繁花似锦,李客开口吟诗道:

"春风送暖百花开,迎春绽金它先来",母亲会意,接着补上"火烧叶林红霞落"。

　　李白心知父母在考他作诗的能力，在盛放的李树前站定，想了想接了一句："李花怒放一树白"。父亲在欣慰之余，便以此句首尾二字作了他的名字。

　　这两种说法，前者颇有神异色彩，却更与诗仙身份相合；后者看似清雅，但三人所作之诗词意粗浅，有明显的杜撰痕迹。

　　不管怎样，长安元年，李白来到了尘世。

　　许是春日，莺飞草长；许是秋天，云淡天高。

　　那年，在河东蒲州（今山西运城），王维降生；襄阳城里，十三岁的孟浩然在读书学剑；二十四岁的张九龄已在准备科举，并与次年登进士第；四十三岁的贺知章于六年前高中状元，在朝廷为官，闲暇时饮酒赋诗。

　　他们，或已落笔秀水青山，或将寄情清风明月。大唐时光，人间风月，在他们的笔下延绵出万种风情。然后，来不及收拾行囊，已将那段流光抛下，去了别处。前程往事突然间沉寂，只剩后来人们探寻的目光，和不尽的唏嘘。

　　无论是谁，都只是路过这世界。

　　从来处来，到去处去。

少年不识愁滋味

　　有人说，人生是一场旅行，有晴有阴。

　　有人说，人生是一首长歌，有起有落。

其实，人生不过是流浪。在人海，在浮世，在流水落花之间，不停辗转。或许是，不知何往，茫然地行走，栉风沐雨；或许是，知何往，过山过水，终难抵达。不同的是，有的人纵然行到水复山重，依旧不忘初心；有的人走着走着，渐渐背弃了曾经的自己。

李白，尽管胸怀天下，终究未能完成夙愿。他是临风长啸饮马江湖的诗人，但在政治理想里，他得到的只有落寞。往往是这样，纵是游天舞鹤，也很难翻越那堵叫做现实的墙。庆幸的是，人生多艰，他始终是那个狂放不羁的模样。一轮月，一壶酒，飘然落笔，即是天空海阔。

神龙元年（705），李白随父亲从西域来到蜀中，定居于剑南道绵州昌隆（唐玄宗时改名昌明，五代时又改名彰明）青廉乡（今江油市青莲镇）。

李白发蒙读书始于是年。他在《上安州裴长史书》中写道："五岁诵六甲，十岁观百家，轩辕以来，颇得闻矣。常横经籍书，制作不倦。"

所谓六甲，应该是唐时启蒙读物。南朝陈沉炯有《六甲诗》，凡二十句，每二句前冠甲乙丙丁戊己庚辛壬癸十字。宋严羽《沧浪诗话·诗体》："又有六甲、十属之类，及藏头、歇后等体，今皆削之。"明谢榛《四溟诗话》卷二："沉炯六府体、八音体、六甲体、十二属体，魏晋以降，多务纤巧，此变之变也。"

神龙元年正月，武则天病笃，宰相张柬之发动兵变，率禁军冲入宫中，杀死张易之、张宗昌兄弟，随即包围武则天寝宫，迫其退位。武则天被迫禅让帝位于太子李显，随后徙居上阳宫。李显上武则天尊号为"则天大圣皇帝"，武周一朝结束。二月，唐朝复辟，百官、旗帜、服色、文字等皆复旧制，复称神都为东都。

十一月，武则天去世。唐中宗遵其遗命，改称"则天大圣皇后"，以皇后身份入葬乾陵，累谥为"则天顺圣皇后"。一代女皇，风光无限，到头来也不过是一抔黄土。墓前的无字碑,千余年后仍然立在那里。

这是她的沉默,许是无话可说,许是不知从何说起。

只是后来的人们,从未停止猜测和褒贬。

江山谁人为主,到底意味着什么,幼小的李白并不知晓。他只知道,读书是件快乐的事情。他始终记得,那日在溪水畔磨针的老婆婆。铁杵磨针,他觉得不可思议,老婆婆告诉他,只要心恒意定,自有成功的时候。

关于李白少时读书,还有个传说。据说,李白家住在阴平古道旁,商旅不绝,人声喧杂,父亲为了让他静心读书,将他送往离家十多里的小匡山上。入山以后,李白不仅白天读书,夜晚也要点灯苦学。每到夜晚,人们都能望见山上的灯光。因此,当地人又将小匡山称作"点灯山"。

无论故事真假,李白的刻苦是真实的,他在匡山修业读书也是真实的。江油市有小匡山和大匡山。小匡山位于四川江油让水乡境内距江油城区二十华里,在让水乡读书台村,青莲镇至匡山的古道旁。

大匡山位于江油市大康镇西北,其山势如筐,谐音匡山,距市区二十公里。山势险峻,林壑深邃,风景秀丽,背倚龙门山余脉诸峰,下临清澈明净的让水河,西有天然溶洞佛爷洞景区相邻。

大匡山于唐代就有寺庙。《江油县志》载:"匡山寺,唐贞观中,僧法云开堂于此,僖宗幸蜀,敕赐中和寺,寺右有李白祠。"宋乾道六年(1170)匡山碑文记载:"本寺原是古迹,唐李白读书所在。"杜甫入蜀到江油曾吟诗云:"匡山读书处,白头好归来"。

李白天生聪颖,李客心里欢喜,对他悉心培养。十岁时,李白开始阅读先秦诸子百家的文化典籍,初步了解华夏历史文化,广泛汲取百家的思想养料。他喜欢将自己放逐在书籍中,流连忘返。自然地,他喜欢上了写诗。

对他来说，诗是现实之外的别有洞天。

有了诗，便有了看不尽的水净山明。

与诗结缘，终生不悔。可以说，诗给了他重楼宫阙，而他让诗一醉千年。诗的世界，文化的世界，若是没有李白的名字，必是莫大的缺失。诗之一字，是细雨斜风，是千里月明，却也不能没有千金散尽还复来的豪情。

他还很小，但想象力已非常丰富。就像那首《夜宿山寺》所写：

危楼高百尺，手可摘星辰。
不敢高声语，恐惊天上人。

我始终相信，诗这东西是与生俱来的。山高水远，月白风清，愿意与之深情对望，心底亦能刹那花开，这大概便是所谓诗性。而有的人，纵然皓首穷经，也未必能为一朵花开而欢喜，那或许便是与诗无缘的。

这首诗，看似词句浅显，却也颇显才思。多年以后，他仍对此诗念念不忘。在游览舒州峰顶寺时，作为登高观感，将这首诗题写在了墙壁之上，只是为了应景，将首句改为了"夜宿峰顶寺"。宋人周紫芝《太仓稊米集》与《竹坡诗话》、邵博《邵氏闻见后录》、赵德麟《侯鲭录》都记载了此事。

学习写诗的同时，少时的李白也学习写作辞赋，对司马相如、江淹颇为欣赏。他在《秋于敬亭送从侄专游庐山序》中写道："余小时，大人令诵《子虚赋》，私心慕之。"

《子虚赋》作于司马相如为梁孝王宾客时。此赋写楚国之子虚先生出使齐国，子虚向乌有先生讲述随齐王出猎，齐王问及楚国，极力铺排楚国之广大丰饶，以至云梦不过是其后花园之小小一角。乌有不服，便以齐国之大海名山、异方殊类，傲视子虚。其主要意义是通过这种夸张声势的描写，表现了大汉王朝的强大声势和雄伟气魄。此赋极铺张扬厉之能事，词藻丰富，描写工丽，散韵相间，标志着汉赋的完全成熟。

那时候，李白时常阅读并且模仿的，是南朝梁武帝长子萧统组织文人共同编选的《文选》。萧统死后谥号"昭明"，因此这部文选称作《昭明文选》，是中国现存最早的古诗文总集。其内容包括赋、诗、骚、文、表、上书、奏记、史论、碑文、墓志、等数十种类别。《文选》所选作家上起先秦，下至梁初，作品则以"事出于沉思，义归乎翰藻"为原则，没有收入经、史、子等书。

江淹的赋也备受李白青睐，在《李太白文集》中，存有《拟恨赋》一篇，虽有模仿江淹《恨赋》的痕迹，却也是他年少时的用心之作。

司马相如说：有美一人兮，见之不忘；一日不见兮，思之如狂。

江淹说：黯然销魂者，唯别而已矣。

年少的李白，尚不知个中滋味。爱情的甜，离别的苦，他都还不清楚。相见的欢喜，相离的悲伤，似乎都只是别人的。他有的，是不识愁滋味的少年时节。

外面的世界，仿佛有他无关。大唐王朝经历了唐中宗、唐睿宗两代皇帝后，迎来了李隆基，即唐玄宗。李白十三岁的时候，他所处的大唐已属于开元年间。他在日渐成长，大唐王朝亦在日渐强盛。

遗憾的是，华美的开元盛世，留给李白的却是漫长的叹息。他因才情而走入皇宫，却也只是个舞文弄墨的御用文人，未能实现安民济世的理想。即使人们为他的傲世不群添上了贵妃捧砚、力士脱靴这样的典故，他的政治生涯终究是晦暗甚至是苍白的。那颗火热的入世之心，只能赋予山河诗酒。

此时，十几岁的李白还在书海中畅游，遇见文字中的美丽与哀愁。

于他，那都是美的。就好像，世界也在平仄对仗之中，满是诗赋韵味。

但其实，世事的平仄，属于聚散离合；

人间的对仗，属于悲欢苦乐。

作赋凌相如

斯须之间，流水落花。这便是人生。

这头是桃李芳菲，那头是秋月无言。中间是异乡流浪。

往往是这样，年少时我们渴望长成想象中的模样，渴望着以成年人的姿态跃马扬鞭。多年后，蓦然回首才发现，最美的莫过于年少岁月。混迹人海，纵然风云叱咤，也不过是在无奈的闪转腾挪后拥有一隅荣光。人在江湖，身不由己，少年时的清朗快乐再难寻回。

多年以后，我们或能拥有胜利者的姿态。

可是，看镜中难以揣测的自己，那真是自己从前渴望的模样吗？

成熟，固然意味着圆融练达，但也意味着与天真和纯粹渐行渐远。

我们该庆幸，经过纷扰红尘，李白始终保持着狂放与天真。所以，他的诗才能那般飘逸跳脱。也正因为如此，曲意逢迎的官场，注定不适合他。

开元三年（715），李白十五岁。意气风发的他，在读书之余，开始学习剑术，并且热衷于求仙问道。他在《赠张相镐二首》中写道："十五观奇书，作赋凌相如"；他在《感兴八首》中写道："十五游神仙，仙游未曾歇"；他在《与韩荆州书》中写道："十五好剑术，遍干诸侯"。

他本就生性狂傲，年少时自然免不了轻狂。可以肯定的是，他的辞赋虽然尚不足以与司马相如比拟，但与同龄人相比，必不可同日而语。十五岁的李白，所读之书已不再局限于经史子集，他开始广泛涉猎，喜好读奇书。

因为才华出众，李白得到不少社会名流的欣赏与奖掖，开始从事社会干谒活动。十五岁这年，他受人推荐，至昌明县衙做了一名小吏。工作倒是轻松自在，除了抄写文书，研墨洗笔之外，更多的是跟随县令，外出巡行或者出席各种场合。

但是，他很快就厌倦了。首先，他是胸怀大志之人，小吏的身份，甚至是县令之职，他都很是不屑；其次，他渐渐明白了，县令之所以用他，不过是为了在墨客乡绅之间炫耀自己慧眼识才。性情耿直如他，不久后开罪了县令，便弃职而去，至大匡山隐居修业。

据说，某天中午，一位农夫拉着自家被打伤的耕牛来到县衙鸣冤，正值农耕时节，李白知道耕牛的重要性，让农夫将牛牵到了院内。此时，县令与小妾正在午睡，被耕牛的叫声吵醒，尽管李白陈述了事实，小妾仍是满面怒容，喋喋不休地抱怨着。于是，李白吟诗讽刺道：

素面倚栏钩，娇声出外头。
若非是织女，何必问耕牛。

李白之所以是李白，除了诗情跌宕，还因为他的侠义之心，以及仙风道骨。所以，印象中的他，与许多诗人不大相同，把酒临风的同时，他也仗剑江湖，他也寻仙求道。酒气与侠气并存，诗意与仙风俱在，加上悲天悯人之心，以及安定乾坤之志，这才是李白。

十五岁，李白开始学剑。他渴慕游侠生活，对历史上的游侠十分景仰。他向往那样的生活：笑傲天涯，行侠仗义，不问生死，只求快意；纵横四海，

气吞山河,剑气封日月,杯酒泯恩仇。后来,他在诗中写道:

> 忆昔作少年,结交赵与燕。
> 金羁络骏马,锦带横龙泉。
> 寸心无疑事,所向非徒然。
>
> 结发未识事,所交尽豪雄。
> 却秦不受赏,击晋宁为功。
> 托身白刃里,杀人红尘中。
> 当朝揖高义,举世称英雄。

托身白刃里,杀人红尘中。依稀可见,衣带如风的他,酒气裹挟着豪气,纵马江湖,逍遥自在。因了这份任侠之气,就连举杯长叹,都带着几分狂放不羁。与众多悲悲切切的诗人词人相比,他实在是可爱得多。

在唐代,道教十分盛行。为了便于统治,统治者自称是老子李耳的后裔,因此道教备受尊崇。唐高宗乾封元年(666)二月,正式追封李耳为"太上玄元皇帝",道教从此成为国教。唐玄宗十分信奉道教,许多有名的道士都曾被他召见和厚待。

李白所在的巴蜀地区,道教也很盛行。青城山、峨眉山等地,都有著名的道场。李白家乡的紫云山、大匡山也都有道观,民间道风兴盛。耳濡目染之下,加上从小喜读老庄书籍,李白因此热衷求仙问道。他时常出入于道观,与道士交游。他飘逸如风,除了天性不羁,大概还因为受道风熏染。

李白定然也明白道家清静无为的道理,只是,生于尘世,他更愿意安民济世,在仕途有所作为。他的矛盾也就在于此,这头是飘然尘外,放浪形骸;那头是身居庙堂,心忧天下。

大匡山背后有座山叫戴天山,峰顶林间有座道观。李白曾前往访问其间道士,没想到道士外出未归。直到黄昏,他仍旧倚松等待,不愿离去。最后,带着几分失落下了山。不久后,他写了首《访戴天山道士不遇》:

犬吠水声中,桃花带雨浓。
树深时见鹿,溪午不闻钟。
野竹分青霭,飞泉挂碧峰。
无人知所去,愁倚两三松。

总以为,李白最好的诗,基本是歌行体,如《蜀道难》《将进酒》《行路难》这样的长诗,但其实,他的短诗亦是清雅凝练,令人叫绝。这首五律,无论是词句的别致,还是对仗的工整,都可谓律诗范本。只不过,天性旷逸的他,大多时候不愿拘泥于平仄对仗。他更愿意,肆意挥洒,笔底生风。其实,何止是诗,他的人生亦是如此。

于他,世间横平竖直的规则都太无味。

他不愿如履薄冰,步步为营。而愿意跃马扬鞭,仰天长啸。

十八九岁的时候,李白经常往来于旁郡,先后到过龙州、剑阁、梓州等地。在梓州,他拜访著名学者赵蕤,从师修业一年有余。

赵蕤,梓州盐亭人氏,彼时隐居在梓州郪县长平山安昌岩(今四川省三台县长平山琴泉寺旁),修身养性,著书立说。赵蕤为纵横家,读百家书,博于韬略,长于经世。由于他出生在大融合、大统一、大团结的"开元盛世",缺乏战国时期那种大分裂,大动乱、大辩论的政治环境,加上他视功名如粪土,视富贵如浮云。所以采取了"夫妇隐操,不应辟召"的处世态度。

当时，赵蕤以其"任侠有气，善为纵横学"闻名于当世。唐玄宗多次征召，他都辞而不就，隐于山野。其生平事迹，刘煦的《旧唐书》和欧阳修的《新唐书》皆未立传。唯北宋孙光宪的《北梦琐言》和清代纪晓岚的《四库全书总目提要》对他的事迹有简历和传略可查。

赵蕤的代表作《长短经》又叫《反经》，成书于开元四年（716），共九卷六十四篇。集儒家、道家、法家、兵家、杂家和阴阳家思想之大成，是黑白杂揉之书，以谋略为经，历史为纬，记述国家兴亡，权变谋略、举荐贤能、人间善恶四大内容，又以权谋政治和知人善任两个重点为核心；此书高妙完美，天人合一，振聋发聩，警世惩恶，是难得的谋略全书。

对他的性情和才学，李白十分仰慕，因此前往拜访。赵蕤对这个后生晚辈也是非常欣赏，因此将自己的文韬武略、治国安邦之策，悉数传给了李白。师从赵蕤的这段时间，对李白的思想观念、人生理想产生了深远的影响。后来，人们将赵蕤和李白称为"蜀中二杰"，时称"赵蕤术数，李白文章"。

两人的师生情谊亦是十分深厚。在李白辞亲远游，卧病淮南时，写了《淮南卧病书怀寄蜀中赵征君蕤》，诗中表达了对赵蕤深切的思念之情。在赵蕤晚年时，李白还给他写过一首《送赵云卿》，希望他施展其治国安民之术。

不知不觉，李白已到了弱冠之年。现在的他，有满腹的诗情，有任侠的气质，有济世安民之策，有纵横天下之志。他很年轻，因为年轻，所以意气风发，所以飞扬恣肆。

万里关河，风尘聚散，都在远处等着他。

几分朦胧，几分鬼魅。

丈夫未可轻年少

每个人，都是属于道路的。

遥远的路上，不断收获，不断飘零。

有春华秋实，便有山穷水尽；有风轻云淡，便有花谢水流。

其实，我们亦是道路，被陌生的人们经过，被山河岁月经过。有落花小径，有阳关大道，经年累月，被踩出沧海桑田。又或许，少有人经过，独自长满荒草青苔，与流光共沐风雨。

开元八年（720），李白辞别赵蕤，继续在巴蜀各地游历。他去成都，去峨眉，去渝州（今重庆），探寻人生之路。此时，他来到了成都。唐代的成都，是益州（蜀郡）的首府，也是剑南道都督府所在地，历史上以盛产锦缎闻名天下，因此也被称作锦城。

时值早春。李白登上了散花楼，极目远眺，心旷神怡。散花楼建于著名皇家园林摩诃池畔。此楼为隋朝时蜀王杨秀所建，其得名依推测当源起"天女散花"。成都人对散花楼耳熟能详，大约是因为登临此楼后不久，李白写了首《登锦城散花楼》：

日照锦城头，朝光散花楼。
金窗夹绣户，珠箔悬银钩。
飞梯绿云中，极目散我忧。
暮雨向三峡，春江绕双流。
今来一登望，如上九天游。

可惜的是，宋末蒙古军队入侵时，散花楼被毁。明代初年，成都东门迎晖门的城楼被命名为"散花楼"，却不过是一厢情愿的幻影。旧日散花楼，只在李太白的诗中耸立着，伫望暮雨春江。

在成都期间，李白先后游览了扬雄的草玄堂、诸葛亮的武侯祠、司马相如的抚琴台。扬雄字子云，是继司马相如之后西汉最著名的辞赋家，所谓"歇马独来寻故事，文章两汉愧杨雄"。刘禹锡著名的《陋室铭》中"西蜀子云亭"的西蜀子云即为扬雄。

他曾撰写《太玄》等，将源于老子之道的玄作为最高范畴，并在构筑宇宙生成图式、探索事物发展规律时，以玄为中心思想，是汉朝道家思想的继承和发展者，对后世意义可谓重大。李白少时读汉代辞赋，对扬雄颇为欣赏。

诸葛亮身为蜀相，鞠躬尽瘁死而后已，李白对他向来仰慕。事实上，李白的理想，也便是如诸葛亮那样，辅佐帝王，平定天下。然而，一生矢志不移，终是落空了。即使是在安史之乱时，他也未能有机会安邦定国。相反，那时候他做了并不明智的选择，将后来的人生推向了更远的流浪。

司马相如之所以为人所熟知，除了其卓绝的才华，还有与卓文君的那场旷世的爱情。两千多年前，他是远近闻名的才子，她是才貌双全的佳人。她新寡，他对她十分仰慕。于是，在一场宴会上，他以一曲《凤求凰》令隔帘听曲的她如痴如醉。不久后，他们私订终身。她的父亲不同意，她便随了他私逃而去，当垆卖酒。

后来，司马相如恋上了某才女，卓文君作《白头吟》，使司马相如回心转意。其中有这样的句子："闻君有两意，故来相决绝。愿得一心人，白头不相离。"许是有感于他们的爱情，李白也作了首《白头吟》。

兔丝固无情，随风任倾倒。
谁使女萝枝，而来强萦抱。
两草犹一心，人心不如草。

莫卷龙须席，从他生网丝。

且留琥珀枕，或有梦来时。

覆水再收岂满杯，弃妾已去难重回。

古来得意不相负，只今惟见青陵台。

不过，李白在成都最重要的事情是去谒见了苏颋。苏颋为朝廷重臣，亦是当时文章大家，诗文皆负盛名。《新唐书·苏傀潘传》记载，"苏颋与张说以文章显，称望略等，故时号燕许大手笔"。只因，张说被封燕国公，苏颋被封许国公。

二人主张"崇雅黜浮"，以矫正陈、隋以来的浮丽风气，讲究实用，重视风骨。但其文章内容狭窄，骈文习气很重。唐元稹《代典江老卜百韵》诗："李杜诗篇敌，苏张笔力匀。"

开元八年，苏颋出任益州大都督府长史。某次出行时，李白带着自己的两篇赋请求谒见。结果，苏颋不仅接见了他，而且对他的文字十分欣赏，称他的文章洋洋洒洒，多加磨练必能与司马相如比肩。

后来，李白在《上安州裴长史书》中记述了此事："前礼部尚书苏公出为益州长史，白于路中投刺，待以布衣之礼。因谓群寮曰：'此子天才英丽，下笔不休，虽风力未成，且见专车之骨。若广之以学，可以相如比肩也。'"

更让李白欣喜的是，苏颋说，待有机会必会向朝廷举荐他。不久后，此事传得尽人皆知，李白才名不胫而走。然而，举荐之事却如泥牛入海，始终不见下文。锦官城里，李白的身影有些落寞。人生百味，他渐渐开始品尝。

世事深不见底。人生终似飘萍。

兴许是，不如意的才叫生活，不完满的才叫人生。

他还年轻，还有很长的路要走。纵然风雨晦暝，至少襟怀坦荡。

开元九年（721），王维进士及第，与之同龄的李白还在巴蜀游走，不断干谒自荐，以求进入仕途。古代文人，若非心性淡泊，只愿做闲云野鹤，大都有着出仕为官的理想，李白也不例外。只不过，他的理想非常宏伟。

李白有两个理想。第一个，做宰相。他称自己有"申管、晏之谈，谋帝王之术。"又说"愿为辅弼，使寰区大定，海县清一。"也就是说，他有春秋时管仲和晏婴那样的治国之才，愿意辅佐帝王，缔造太平盛世。

第二个理想，做帝师。他曾在诗中这样写道："秉烛唯须饮，投干也未迟。如逢渭川猎，犹可帝王师。"意思是，他就如当年的姜太公，垂钓于渭水，却不见周文王经过。我们知道，姜太公是被周文王视作老师的。对古代文人来讲，当宰相，做帝师，算是人生巅峰了。

而且，李白并不愿意走科举之路，从最底层官职开始，经过多年的苦熬，完成自己的政治理想。他希望实现理想的方式是：三年不鸣，一鸣惊人；三年不飞，一飞冲天。若能实现，必然算是传奇。反正，他的确从未参加科举。史料没有关于他参加科举的记载，他似乎从未想过，如何在科场脱颖而出，如何跃过龙门实现生平抱负。

这或许是因为他的孤傲，不愿走凡夫俗子的道路，在独木桥上自领风骚。又或许，是因为他始终闪烁其词的身世。总之，许多年里，李白总是在投诗干谒，又总是无法如愿。

不管怎样，他的理想始终在心里，从未破灭。

那是行路上的灯盏，照着山高水长。

离开成都后，李白又来到了渝州。当时文坛泰斗李邕，出任渝州刺史，李白此去仍是为了干谒。他托渝州的朋友将自己的诗赋和名刺呈给李邕。

然而，等了好几天，都没有收到李邕接见他的消息。后来，朋友告诉他，李邕自诩名重当时，对他这个文坛晚辈甚是不屑，还说他的诗赋才气不足，故而不愿接见。对于孤傲而又年轻气盛的李白来说，这无疑是莫大的打击。不久之后，他写了首《上李邕》，对文坛前辈予以了回击。

> 大鹏一日同风起，扶摇直上九万里。
> 假令风歇时下来，犹能簸却沧溟水。
> 世人见我恒殊调，闻余大言皆冷笑。
> 宣父犹能畏后生，丈夫未可轻年少。

大鹏是李白诗赋中经常借以自况的意象，既是自由的象征，又是惊世骇俗的理想和志趣的象征。后来，李白曾作《大鹏遇希有鸟赋并序》（后改为《大鹏赋》），自比为庄子《逍遥游》中的大鹏鸟。

这首诗的前四句，李白以大鹏自比。大鹏是《庄子·逍遥游》中的神鸟，传说这只神鸟其大"不知其几千里也"，"其翼若垂天之云"，翅膀拍下水就是三千里，扶摇直上，可高达九万里。大鹏鸟是庄子哲学中自由的象征，理想的图腾。

李白年轻时胸怀大志，非常自负，又深受道家哲学的影响，心中充满了浪漫的幻想和宏伟的抱负。这只大鹏即使不借助风的力量，以它的翅膀一搧，也能将沧溟之水一簸而干。这其实是年轻李白自己的形象。

诗的后四句，对李邕怠慢态度的回答：世人皆对我的理想报以嘲讽，未曾想到，您这样的名士竟也与凡夫俗子一般见识！然后，他抬出圣人识拔后生的故事反唇相讥。《论语·子罕》中说："子曰：后生可畏，焉知来者之不如今也？"这两句意为孔老夫子尚且觉得后生可畏，你李邕难道比圣人还要高明？

大丈夫不可轻视后生晚辈！结尾两句对李邕既是揶揄，又是讽刺，也是对李邕轻慢态度的回敬，态度相当桀骜，足见少年锐气。要知道，李邕在开元初年是天下皆知的名士，史载李邕"素负美名，人间素有声称，后进不识，京洛阡陌聚观，以为古人。或传眉目有异，衣冠望风，寻访门巷。"就是这样的文化名人，二十出头的李白敢于指名直斥与之抗礼，足见其气识和胆量。

笑傲权贵，平交王侯，这正是李太白之本色。

低眉顺眼，阿谀奉迎，都不是他。

书剑许明时

李白离开了渝州。

虽有失落，却仍是意气风发模样。

他相信，天高地远。总有鹏程万里的时候。就像所有年轻的生命，走在路上，哪怕关山迢递，哪怕风雨未央，却始终相信，总有日光倾城之时。

那时候，李白行走于巴蜀大地，也算长了些见识，但干谒之事终是不见成效。我在想，假如李白走科举之路，以他的才学和品质，是否能够直上青云，完成他宏大的政治夙愿？

或许也未必，虽是盛世，官场毕竟是机关算尽方能踩着别人的躯体和尊严向上行走的地方。李白这个人，太率真也太骄傲，不屑于迂回逢迎之术，纵是步入仕途，想要扶摇而上，怕是很难。而且，假使他真的在仕途风生水起，世间便会少了个纵情纵意的诗人,那是不可估量的损失。

现在，李白登上了峨眉山。峨眉山位于四川省乐山市峨眉山市境内，是中国"四大佛教名山"之一，地势陡峭，风景秀丽，素有"峨眉天下秀"之称。《峨眉郡志》云："云鬟凝翠，鬓黛遥妆，真如螓首蛾眉，细而长，美而艳也，故名峨眉山。"

唐代时，此山是道教名山。在蜀中众多仙山之中，峨眉山最为飘渺神秘，令人神往。踏足其间，只见层峦叠嶂，树木葱茏，景象万千。李白身在其中，仿佛置身云霄仙境，世间诸般烦恼皆被抛开，只剩云烟缭绕，仙乐飘荡，如他《登峨眉山》所写：

蜀国多仙山，峨眉邈难匹。周流试登览，绝怪安可悉？
青冥倚天开，彩错疑画出。泠然紫霞赏，果得锦囊术。
云间吟琼箫，石上弄宝瑟。平生有微尚，欢笑自此毕。
烟容如在颜，尘累忽相失。倘逢骑羊子，携手凌白日。

李白是这样，既怀求仙问道、仗剑江湖之心，又不舍跻身庙堂、济世安民之念。如当时的许多人，他也有着长生不灭之梦。探幽访胜，除了醉心云水，也是为了寻觅仙境，快慰平生。

在峨眉山，李白结识了在此修道的元丹丘。元丹丘是当时著名的隐士，李白与他交往颇深，在《李太白全集》中写给他的诗有十一首之多。要知道，即使是知己杜甫，李白写给他的诗也不过数首而已。

元丹丘即《将进酒》里的"丹丘生"，是李白一生中最重要的交游人物之一。元丹丘是一个学道谈玄的人，李白称之为"逸人"，并有"吾与元夫子，异姓为天伦"及"故交深情，出处无间"之语。

从峨眉山下来，李白回到了现实。

生活仍如往日，有云风竹影，也有荆棘风雨。

我们应该苦心修筑的，不是生活的模样，而是自己的。

李白回到了大匡山。回首走过的路，很远，也不算远；有所得，亦无所得。想起了苏颋大人所说的"广之以学"，又开始安心读书，以待时机。已是隆冬时节。

未洗染尘缨，归来芳草平。一条藤径绿，万点雪峰晴。
地冷叶先尽，谷寒云不行。嫩篁侵舍密，古树倒江横。
白犬离村吠，苍苔壁上生。穿厨孤雉过，临屋旧猿鸣。
木落禽巢在，篱疏兽路成。拂床苍鼠走，倒箧素鱼惊。
洗砚修良策，敲松拟素贞。此时重一去，去合到三清。

山居的日子，本是清静悠然的。

可以举杯对月，亦可以闲扫落花。

也可以，将天空和大地打扫干净，行坐安然。

此后，李白曾与东岩子隐居于岷山。东岩子其人，史籍并无记载。只知道，李白曾与他隐居山中，读书学道。他们在山林中饲养了成千的奇禽，能够呼之即来，挥之即去。听到呼唤，便能从四处飞落阶前，甚至可以在人的手里啄食谷粒，丝毫不害怕。这件事被远近传作奇闻，最后竟使绵州刺史亲自到山中察看，认为他们有道术，是难得的人才，推荐他们去参加道科的考试，却被他们婉言谢绝了。

关于此事，李白在《上安州裴长史书》中有记载："昔与逸人东严子隐于岷山之阳。白巢居数年，不迹城市，养奇禽千计，呼皆就掌取食，了无惊猜。广汉太守闻而异之，诣庐亲睹，因举二人以有道，并不起。此则白养高忘机不屈之迹也。"

转眼间，已是开元十二年（724）。二十四岁的李白，才思与学养皆已足够厚重。他知道，必须离开蜀中，去到更远的地方，才有圆梦的可能。如人们所言，外面的天地大有可为。年轻的李白，必须让自己上路，去遇见天高海阔，去面对真正的人生。

外面的世界，有河清海晏，有烟雨迷离。

那是一段叫做开元盛世的时光。

其实，在武则天之后，大唐王朝有过一段混乱时期。先是武三思与韦后、安乐公主勾结，害死了对唐中宗复位有功的"五王"；而后，太子李重俊率御林军杀死武三思和武崇讯，而他也被韦后部下所杀；再后来，韦后与安乐公主合谋毒死中宗李显，立傀儡李重茂为少帝，自己独揽大权，垂帘听政。韦后肆无忌惮，安乐公主公开卖官，朝政异常腐化。武后退位后八年的时间里，政变迭起，政局动荡。

景云三年（712），唐睿宗李旦让位于李隆基，是为唐玄宗。开元元年（713）七月，唐玄宗斩杀太平公主党徒常元楷、李慈、萧至忠、岑羲，窦怀贞自缢，太平公主被赐死家中。其后，唐玄宗立即"讲武于骊山之下，征兵二十万，旌旗连亘五十余里"，forth流放郭元振，斩杀唐绍，扬威皇权。

皇权稳固之后，玄宗开始整顿朝纲，任用贤能。他不仅极有胆量和魄力，而且精通治国方略，深知用人乃治国根本。开元初年，玄宗励精图治，任用姚崇、宋璟等人为相，在稳定政局的同时，大力发展经济。经过数年上下同心的努力，全国经济迅速繁荣，农业、手工业等方面也有了空前发展，大唐进入了鼎盛时期。

此时的唐朝，国力空前强盛，社会经济空前繁荣，人口也大幅度增长，天宝年间唐朝人口达到8000万人，国家财政收入稳定。商业十分发达，国内交通四通八达，城市更为繁华，对外贸易不断增长，波斯、大食商人纷至沓来，长安、洛阳等大都市商贾云集，各种肤色、不同语言的商人身穿不同的服装来来往往，十分热闹。

在开元盛世鼎盛时期，中亚的绿洲地带亦受大唐支配，一度建立了南至罗伏州（今越南河静）、北括玄阙州（今俄罗斯安加拉河流域）、西及安息州（今乌兹别克斯坦布哈拉）、东临哥勿州（今吉林通化）的辽阔疆域，国土面积达1076万平方公里。

关于开元盛世，杜甫曾在诗中写道："忆昔开元全盛日，小邑犹藏万家室。稻米流脂粟米白，公私仓廪俱丰实。"在这样的盛世里，百姓安居乐业，诗人们自然是临风把酒，说不尽的风流恣肆。

这样的盛世华年里，李白飘然而来。

三分明月，七分醉意，枕着山河写诗，说不醉不归。

他已出发，带着傲岸与疏狂。他的才华，必须由千山万水来盛放。

离开大匡山的时候，几许留恋很快即被远行的豪情淹没了。一首《别匡山》，留住了旧时山岳，和从前的自己。他说得清楚，离开并非不留恋，而是有远方要去跋涉。书剑许明时，此去正是为此。

晓峰如画碧参差，藤影风摇拂槛垂。
野径来多将犬伴，人间归晚带樵随。
看云客倚啼猿树，洗钵僧临失鹤池。
莫怪无心恋清境，已将书剑许明时。

李白的诗主要有两种风格：一种为"狂风吹我心，西挂咸阳树"式的大气磅礴、雄奇浪漫之壮美，诸如《蜀道难》之类；一种为"清水出芙蓉，天然去雕饰"的清新自然之秀美。此诗属于后者。

夕阳西下，野径闲归。他喜欢。

渔樵为邻，放鹤看云，他也喜欢。

但他还是去了。离开了山中的安闲,去了繁华闹市。他发誓创一番伟业,不辜负时光和满腹的才华。与山水篱落相比,他更愿意置身仕途。很显然,受道教思想熏染的李白,有很深的隐逸情结。但是身处大唐盛世,他不能让自己只纵情于山水。

事实上,用世之心,他从未放下。

在隐逸与入世之间,他始终是矛盾的。

第二卷：仗剑远游

将生命放置在路上。
走得不卑不亢，便自成风景。哪怕是流浪的模样。
若无人经过，便自斟自酌。对春风桃李，对夜雨江湖。

辞亲远游

这世上，谁都有要去的远方。

远方，未必是大漠孤烟，未必是花开彼岸。

或许只是秋日的篱落菊花丛，或许只是沉吟的月满西楼时。

其实，远方不过是别人厌倦总想逃离的地方。尽管如此，我们还是愿意，以数尺之躯去丈量远方，从此间到别处，从小径到天涯。往往，也要从沧海到桑田。走了很远，终于发现，最远的不是山水迢递，而是通往自己的路。

开元十二年（724），李白离开故乡，仗剑远游，并非为了游山玩水，而是为了建功立业，实现他治国安民的伟大抱负。他始终相信，那个清明盛世不会让他的才学埋没。后来他在《上安州裴长史书》中这样写道："以为士生则桑弧蓬矢，射乎四方，故知大丈夫必有四方之志。乃仗剑去国，辞亲远游，南穷苍梧，东涉溟海。"

大丈夫生于尘世，理当纵横天下，不能安于一隅。

带着这样的铿锵之声，李白上路了。

二十四岁，有书卷气，有豪侠气，甚至还有几分仙气。

关于李白的体貌特征，魏颢在《李翰林集序》中写道："眸子炯然，哆如饿虎，或时束带，风流酝藉。"也就是说，李白其人双目炯炯，喜则纵情大笑，怒则肆意咆哮；但他安静的时候，又是温文尔雅，风流蕴藉。

魏颢大概是李白最忠实的拥趸了。他最初叫魏万，曾在王屋山下做隐士，号为王屋山人。他自言平生自负，人们都知道他狂傲，但他对李白却是极其倾慕。按照魏颢自己的说法，就像司马相如欣慕蔺相如的为人，像王子猷雪夜访戴安道一样倾慕李白。他认为，李白的性情和行事作风，与自己颇为暗合。

为了一睹李白的风采，魏颢曾历时半年，跋涉三千里，终于在广陵（即扬州）见到了李白，并激动地奉上他四十八韵的长诗《金陵酬李翰林谪仙子》。感动之余，李白与他结为忘年之交，还托付魏颢将自己的诗文编成集子。

现在，李白开始了遥远的旅程。这样的遥远，属于阴晴难测，属于追寻与幻灭。就像所有追梦的人，将自己交给远方，悲喜起落便只能由远方来定夺。但是至少，此时的李白是豪情万丈的，是意气飞扬的。

纵然前方是断壁残垣，他也相信，能以凌云之笔，画出烟雨斜阳。

轻裘快马，气贯长虹。远方很远，亦在脚下。

他行色匆匆。一路风尘，白马啸西风。

峨眉山月半轮秋，影入平羌江水流。
夜发清溪向三峡，思君不见下渝州。

途中，李白再游锦城，重登峨眉山，在蜀中流连数月。最后，在嘉州附近的清溪驿，买舟东下渝州，出长江三峡。渐渐地，将巴山蜀水留在了身后。

船出三峡，过荆门时，顿时豁然开朗。荆门，即荆门山，在今湖北省枝城市西北长江南岸，山势上合下开，状如门扉，因而得名。荆门与长江北岸虎牙山对峙，是巴蜀与故楚的分界之处。出了三峡，巴蜀的夹岸高山渐行渐远，呈现在李白眼前的是汉江平原的云平水阔。

他写了首《渡荆门送别》，几分欣喜，几分感伤。总是这样，异乡风物让人喜悦的同时，难免勾起乡愁。对李白来说，外面的世界固然天空海阔，巴蜀大地却是越来越远了。

那里，盛放着他的年少时光，盛放着纯粹的快乐。

此后的人生，纵是狂欢长醉，也总是带着些许不甘和惆怅。

渡远荆门外，来从楚国游。
山随平野尽，江入大荒流。
月下飞天镜，云生结海楼。
仍怜故乡水，万里送行舟。

这首诗首尾行结，浑然一体，意境高远，风格雄健。"山随平野尽，江入大荒流"，写得逼真如画，有如一幅长江出峡渡荆门长轴山水图，成了脍炙人口的佳句。

如果说优秀的山水画"咫尺应须论万里"，那么，这首形象壮美瑰玮的五律也可以说能以小见大，容量丰富，包涵长江中游数万里山势与水流的景色，具有高度集中的艺术概括力。对这首诗，《精选五七言律耐吟集》的评价是：包举宇宙气象；《唐宋诗举要》则说：语言倜傥，太白本色。

出三峡后，李白在江陵（今湖北荆州市）盘桓数日。在这里，他结识了从衡山归来的道教大师司马承祯。司马承祯字子微，法号道隐，自号白云子，人称白云先生，河内温县人，道教上清派第十二代宗师。

司马承祯聪慧颖悟、博学多才，琴棋书画无所不通，尤其擅长篆书、隶书，他首创的"金剪刀书"别具风采，风靡一时。他笃学好道，无心仕途，拜师嵩山道士潘师正，得受上清经法、符箓、导引、服饵等道术，隐居天台山玉霄峰。他多次奉诏入京，却都主动上表还山。司马承祯与陈子昂、卢藏用、宋之问、王适、毕构、李白、孟浩然、王维、贺知章合称为仙宗十友。

李白对司马承祯早有崇敬之心，因此这番相逢他很是欣喜。耄耋之年的司马承祯，衣带生风，童颜鹤发，十足的神姿仙态。年轻的李白，也给修为深厚的道士留下了极深的印象。身如轻松，目似闪电，翩翩白衣，超凡脱俗，这就是此时李白的模样。接谈之际，司马承祯更觉得李白天资聪颖，识见过人。

对于李白，司马承祯的评价是：有仙风道骨，可与神游八极之表。

李白对自己的评价是：以天为容，以道为貌。

潇洒纵逸，来去飘然，这是诗仙的模样。他只是零落凡尘罢了。

回到住处，李白回味着司马承祯对他的称赞，不禁有凌云之概。他想起了《神异经》中所说的昆仑山名曰希有的大鸟，又想起了《庄子·逍遥游》中所说的鲲鹏。思绪飘飞之后，他写了篇《大鹏遇希有鸟赋》，即《大鹏赋》，以希有鸟喻司马承祯，以大鹏自况。

乃蹶厚地，揭太清。亘层霄，突重溟。激三千以崛起，向九万而迅征。背纂太山之崔嵬，翼举长云之纵横。左回右旋，倏阴忽明。历汗漫以夭矫，扛阊阖之峥嵘。簸鸿蒙，扇雷霆。斗转而天动，山摇而海倾。怒无所搏，雄无所争。固可想象其势，仿佛其形。

狂傲如他，人生该是如此：凌苍绝地，气吞山河。

如大鹏，遨游天地，一去万里；长风破浪，斗转星移。

他的自负与不羁，源自他的天性与才华。

也可以说，那是属于开元盛世的大气和丰盛。

那日，分别的时候，司马承祯说："观君眉宇之间英气勃勃，言谈之间，不忘苍生社稷，毕竟志在匡济。以你之才识，当此开元盛世，自是鹏程万里。待你事君之道成，荣亲之事毕，再到山中来寻我。"

李白答道："功成，名遂，身退，这是晚生的素志。"

末了，司马承祯说："岭上白云，松间明月，无往而不相逢。"

已是飘然出尘之语。但李白，终于还是回归了自己的旅途。他要如大鹏那般，振翅而去，直上九霄。此后，李白曾与蜀中友人吴指南同游洞庭湖，并溯湘江而至零陵、苍梧，登临九嶷山。没想到，游兴正浓时，吴指南竟然暴病而逝。李白悲不自胜，痛哭流涕。他是这样，喜便是颜开笑逐，悲便是泪湿青衫，简单率真的性情。

斯人已逝，他还有自己的人生去跋涉。将吴指南葬于洞庭湖畔之后，李白再次买舟东下。开元十三年（725）秋，他从荆门出发前往金陵（今南京），写了《秋下荆门》：

霜落荆门江树空，布帆无恙挂秋风。
此行不为鲈鱼鲙，自爱名山入剡中。

剡中，在今浙江省嵊州市和新昌县一带。附近有天台山、天姥山、剡溪等，汉晋以来常有名士高人隐居其间。天台山是道教名山，晋代葛洪，和李白不久前结识的司马承祯都曾在这里隐居修道。南朝山水田园诗人谢灵运曾在剡中隐居。

不过，李白固然仙风道骨，行迹如风，但他并不漠视功名。事实上，正好相反。终其一生，都在为了功名而寻寻觅觅。我想，这与他志趣风雅、性情高逸并不矛盾。既有道家的出世之心，又有儒家的用世之志，这才是真实的李白。

自视不凡的李白，不想通过科举道路去获取功名，而是要选择另一条富有浪漫色彩的途径。很多时候，李白寻山问水，不仅为了寻得自在，也是为了寻找机会。游历，任侠，隐居名山，求仙学道，结交名流，树立声誉，由此走入仕途，这是他的设想。

不管怎样，山在那里，水也在那里，深情地等着他。

只因，有他的地方，总能平添几分仙气。

岭上白云，松间明月，无往而不相逢。

司马承祯的话，想必他也记得。

人在江南

或许，踏尽风尘，便有花开陌上；
或许，走遍天涯，不胜杯酒之欢。

一窗月，一壶酒，两三知己，对酌倾谈。

不说前程名利，只爱篱畔黄花。于诗人，如此最好。

只是，红尘来去一场，总要将自己交给远方，在漫长的旅程中相聚和别离，遇见真诚的自己，才不算负了草木春秋。所有的路上，行囊可以空空，但必须有丰盛的自己。

经过浔阳的时候，李白上岸登临了闻名遐迩的庐山，留下了著名的《望庐山瀑布》。在壮美的山水之前，他永远是欢喜的。尽管，远游天下并非只为山光水色，但他却在不经意间，为所见之风景，留下了诗的注脚。

日照香炉生紫烟，遥看瀑布挂前川。
飞流直下三千尺，疑是银河落九天。

之后，李白继续沿长江东下，来到安徽当涂境内。当涂县东南的天门山，地处吴头楚尾，两岸高山夹江对峙，望之如门扉。舟过此处，带着几分激动，李白写了首《望天门山》：天门中断楚江开，碧水东流至此回。两岸青山相对出，孤帆一片日边来。

终于，李白的身影出现在了金陵。从蜀中到金陵，长途的跋涉后，年轻的诗人遇上了江南。亭台水榭，烟雨画船，都让过往行客流连忘返。李白也不例外。不同的是，他有一支笔，以及一怀诗意，落笔之际，山仍是山，水仍是水，却多了几分翩跹。

金陵，即南京，被称为六朝古都，从孙吴、东晋，到南朝的宋、齐、梁、陈，皆定都于此。历史上，南京既受益又罹祸于其得天独厚的地理位置和气度不凡的风水佳境，曾多次遭受兵燹之灾，但亦屡次从瓦砾荒烟中重整繁华。且在中原被异族所占领，汉民族即将遭受灭顶之灾时，通常都会选择在南京休养生息，立志北伐，恢复华夏。

南京在中国历史上具有特殊地位和价值。历史学家朱偰先生在比较了长安、洛阳、金陵、燕京四大古都后，言"此四都之中，文学之昌盛，人物之俊彦，山川之灵秀，气象之宏伟，以及与民族患难相共，休戚相关之密切，尤以金陵为最。"

隋唐两代，南京受到北方刻意贬抑，但地理上的优势使这一地区的经济、文化不断发展强大，仍是东南大都会。李白、刘禹锡、杜牧、李商隐等诗人都在这里生活、游览过。到金陵后不久，李白登上了凤凰台上的瓦官寺，并写诗《登瓦官阁》：

晨登瓦官阁，极眺金陵城。钟山对北户，淮水入南荣。
漫漫雨花落，嘈嘈天乐鸣。两廊振法鼓，四角吟风筝。
杳出霄汉上，仰攀日月行。山空霸气灭，地古寒阴生。
寥廓云海晚，苍茫宫观平。门余阊阖字，楼识凤凰名。
雷作百山动，神扶万栱倾。灵光何足贵，长此镇吴京。

多年以后，风流云散，去日无声。

霸业皇图，层楼宫阙，都覆上了厚厚的尘埃。

最初的繁华如梦，最后的落日苍苔，世事不过如此。再美丽的年华，再丰盈的年代，也终会在岁月里沉默。不过，秦淮河的水依旧平静地流淌着，不知不觉，流到了百年后刘禹锡的面前。

如百年前的李白，几许沉思，几许惆怅，他在夕阳之下落笔，给了金陵一声叹息：朱雀桥边野草花，乌衣巷口夕阳斜。旧时王谢堂前燕，飞入寻常百姓家。

此时的李白，既没有迷醉于江南云水，也没有沉湎于长吁短叹，他清楚地记得此行的最终目的。某天，在金陵城的某个角落，凭栏望江，抚今追昔，写了首《金陵望汉江》。在诗中他说："六帝沦亡后，三吴不足观。我君混区宇，垂拱众流安。今日任公子，沧浪罢钓竿。"也就是说，六朝风流已逝，眼下正值太平盛世，即使是垂钓于东海的任公子，也会放下钓竿为国效力。

任公子是《庄子》中的传说人物，垂钓东海，他用很大的钓钩和极多的食饵钓起一条巨大的鱼。可以说，这首诗是李白对朝廷的含蓄表白，词句中透露出英雄无用武之地的淡淡悲哀。诗的感情深沉而表达稳妥，以江水壮阔的气势与盛唐的国力相对应，贴切得体，从而自然又蕴含丰富地表达出盛世才子的惆怅。

为了实现自己的抱负，李白在金陵广交朋友，到处谒见社会名流，只是收效甚微。他的诗不断被人们所熟知，但求仕之路极其坎坷。已是秋天，他登上了金陵城西北覆舟山上的孙楚楼，写了首《金陵城西楼月下吟》：

金陵夜寂凉风发，独上高楼望吴越。
白云映水摇空城，白露垂珠滴秋月。
月下沉吟久不归，古来相接眼中稀。
解道澄江净如练，令人长忆谢玄晖。

这样的夜晚，是属于他一个人的。

风清月白，云淡水悠，只是眼中所见。他的心里，长满了惆怅。

月下沉吟，久久不归。古今天下，有几人能与他志趣相投？看上去，他倒像七十年前的陈子昂，独立于天地间，无边地寥落：前不见古人，后不见来者，念天地之悠悠，独怆然而涕下。

谢玄晖即谢朓，南齐诗人，其《晚登三山还望京邑》中有"余霞散成绮，澄江静如练。"句。李白对谢朓非常仰慕，并且将其引为知己。此处借用其句，表达了对谢朓的怀念。意思是，唯有能写出"澄江静如练"这样清丽之诗的谢玄晖，能了解他的悲喜。

可惜，他与谢朓之间，有两百多年的距离。

这样的秋夜，他注定只能举杯对月。

那是一个人的逝水无痕。

开元十四年（726）春，李白从金陵出发前往广陵，朋友们为他践行。他即兴写了首《金陵酒肆留别》："风吹柳花满店香，吴姬压酒唤客尝。金陵子弟来相送，欲行不行各尽觞。请君试问东流水，别意与之谁短长。"

到底是旷达的李太白，几分离别的感伤，在酒意中消散殆尽，只剩下匹马走天涯的洒脱。所以他说：与那滔滔江水相比，离情别绪何足道哉。

不久后，李白来到了广陵，即扬州。广陵是淮南道大都督府所在地，也是四通八达的水路交通枢纽，城市繁华，人文荟萃。繁华的扬州，吸引了无数文人墨客前来，纵情江南山水，恣意把酒长歌。

唐代时，来过扬州的诗人，有骆宾王、李颀、王昌龄、孟浩然、崔颢、李白、高适、韦应物、顾况、戴叔伦、王建、刘禹锡、白居易、张祜、姚合、李商隐、杜牧、温庭筠、杜荀鹤、罗隐、韦庄等百余位，吟咏扬州的诗有四百余首。

与南京相比，扬州少了几分厚重，多了几分风流。遥遥望去，二十四桥明月之夜，仍有人在倾情吹箫；春风十里的扬州路，豆蔻年华的女子娉娉袅袅；自然地，还有临别前的夜晚，蜡烛有心替人垂泪至天明。

百年以后，杜牧在扬州十年一梦，赢得青楼薄幸之名。

属于李白的扬州，没有风流缱绻，只有任侠快意。

他在《上安州裴长史书》中写道："东游维扬，不逾一年，散金三十馀万,有落魄公子,悉皆济之。"唐代时所用的钱为开元通宝,需要指出的是,开元通宝并非唐玄宗开元年间铸的钱,而是在唐高祖武德年间就有此称了,唐取代了隋,有改朝换代的意思。

在李白所处的开元天宝年间,一斗粮食大约二三十钱;绢帛、布匹,每匹大约四五百钱;猪肉,大约每斤五六百钱;马匹,普通来讲,数千到数万钱不等。

李白好酒,说"金樽清酒斗十千"。其实,当时的好酒,每斗几十文钱而已。三十万不是个小数目,若用来沽酒,可以喝很久。然而,在繁华的扬州,李白却将这笔钱用于接济落魄书生。实际上,他自己尚在苦寻仕进的路上。

有诗酒情怀,有侠义心肠,这就是李白。

杜甫说,安得广厦千万间,大庇天下寒士俱欢颜。李白何尝不是如此。扬州的灯火里,李白独饮风月。日子潇洒。

千金散尽,独留心安。

古道有风,岁月无岸

对李白来说,千层广厦,也抵不上一夕醉意。

所以他说:五花马,千金裘,呼儿将出换美酒,与尔同销万古愁。

或许可以说,浮生只是,长醉一场,清风两袖。

出手阔绰的李白,在扬州好友甚多,自然少不了聚散离合的情节。对于离别,李白向来表现得极其淡然。他不会叹息相见时难别亦难,临别之际,轻轻挥手,说声保重,从此各自天涯。就像他在诗中所写:兴罢各分袂，何须醉别颜。

离别二字，于感伤之人，是关山相隔，相见无期；

于旷达之人，是重逢之始，天涯咫尺。

王子安诗云：海内存知己，天涯若比邻；无为在歧路，儿女共沾巾。

人与人之间，最远的距离不是山高水长，而是彼此不懂得。

开元十四年夏，李白离开扬州前往剡中。他的计划是，从扬州乘船南下，沿着运河入会稽，进剡溪，上天姥山。离开扬州时，与友人储邕告别，作诗《别储邕之剡中》：

借问剡中道，东南指越乡。
舟从广陵去，水入会稽长。
竹色溪下绿，荷花镜里香。
辞君向天姥，拂石卧秋霜。

这次行程，饱览了越地山水，探访了许多名胜，写了《越女词》《越中览古》等诗，还观了沧海，登临了天台，实现了"东涉溟海"的宿愿。在天台山，他写了《天台晓望》一诗：

天台邻四明，华顶高百越。门标赤城霞，楼栖沧岛月。
凭高登远览，直下见溟渤。云垂大鹏翻，波动巨鳌没。
风潮争汹涌，神怪何翕忽。观奇迹无倪，好道心不歇。
攀条摘朱实，服药炼金骨。安得生羽毛，千春卧蓬阙？

天台山位于中国浙江省天台县城北，西南连仙霞岭，东北遥接舟山群岛，为曹娥江与甬江的分水岭，素以"佛宗道源、山水神秀"享誉海内外。天台山因"山有八重,四面如一,顶对三辰,当牛女之分,上应台宿"而得名,是佛教天台宗和道教南宗的发祥地,又是活佛济公的故里。

东晋文学家孙绰在《游天台山赋序》中描写道:"天台山者,盖山岳之神秀者也……夫其峻极之状,嘉祥之美,穷山海之瑰富,尽人神之壮丽矣。"明代大旅行家徐霞客足迹遍天下,三上天台山,写下二篇游记,并将《游天台山日记》赫然标于《徐霞客游记》篇首。

从天台山下来后,李白又登临了天姥山。多年以后,写了首《梦游天姥吟留别》。之后,他由越返吴,来到了苏州。这里是春秋时期吴国的都城。两千多年的岁月,让这座古城极其厚重。当然,最厚重的,是那些深藏于里巷老街的故事。

比如干将路。春秋末期,干将与妻子莫邪曾铸有一对锋利无比的宝剑,一名干将,一名莫邪,都献给了吴王阖闾。后来,干将、莫邪被作为利剑的代称。几千年后,干将莫邪铸剑的烈火早已熄灭,只有故事仍被岁月焚烧着。

比如木渎。当年,吴越争霸,越国战败,越王勾践施用美人计,献美女西施于吴王。吴王夫差专宠西施,特地为她在秀逸的灵岩山顶建造馆娃宫,又在紫石山增筑姑苏台,源源而来的木材堵塞了山下的河流港渎,"木塞于渎",于是有了木渎这个名字。故事早已沉默,行人还在喧嚷。

比如史家巷。在李白之后,韦应物、白居易、刘禹锡曾住在这条巷子里,并都曾经做过苏州刺史。诗人已去,曾经与平仄相关的地方,多年之后不过是寻常巷陌。

比如桃花坞。唐宋时期,苏州城西北隅阊、齐门之间遍栽桃树,称为桃花坞,旁有桃花河,是当时春游赏花的胜地。宋朝太师章粲父子在此筑别业,亦称桃花坞。多年以后,那个叫唐伯虎的才子,居于此间,写下了那首《桃花庵歌》，在醉意中无比清醒。

现在，李白登上了姑苏台。

遥望千余年前那段风起云涌的岁月，写了首《苏台览古》：

旧苑荒台杨柳新，菱歌清唱不胜春。
只今惟有西江月，曾照吴王宫里人。

呈现在李白眼前的，不过是，旧的荒台，新的杨柳。

但是遥遥望去，有烽烟弥漫，有碧血倾城。

事实上，还有权谋与诡诈。春秋末期，吴王阖闾发兵攻打越国，不幸负伤身亡。夫差继位后，励精图治，击败了越国。伍子胥建议斩草除根，夫差并未听从，他要折辱越王勾践，使其苟延残喘地活着。

勾践忍辱负重，为夫差驾车养马三年，终于赢得夫差信任，获释回国。其后，他卧薪尝胆，发愤图强。上有谋臣文种、范蠡尽心辅佐，下有百姓同仇敌忾，越国很快便得到了复兴。与此同时，吴国却是江河日下，最终被越国击败，夫差自刎而亡。

那时候，吴王夫差修建姑苏台，与西施尽情欢娱。为讨西施的欢心，他还在香山东南麓遍植香草芝兰，即所谓香径。千余年后，美人早已不在，仇恨与战乱，霸业与皇图，都已归了尘土。世间之事不过如此，再热闹，最终也是一片死寂。

荒台与杨柳，对照着冷寂的岁月。

欢情与寂寞，煊赫与荒凉，明月皆是见证者。

几百年后，立足于同样的地方，柳永也曾如他这般叹息，在他的《西施》词中这样写道：夜夜姑苏城外，当时月，但空照荒台。

明月多情，照此时亦照当时；

明月无情，江山动荡，血雨腥风，终是沉默。

离开苏州后，李白又回到了扬州。大概是由于长期奔波劳顿，他大病一场。人在异乡，身体抱恙，最易起思乡之情。某天晚上，望月兴叹，脱口成吟，于是有了那首我们耳熟能详的《静夜思》：床前明月光，疑是地上霜，举头望明月，低头思故乡。词句如此简单，但是一千多年了，漂泊他乡的人们，有几人不曾想起这首小诗？

最深的感情，往往是质朴的，无需雕琢的。

感情如此，人亦是如此。最美丽的，是洗尽铅华后的清白与坦荡。

卧病期间，李白想起了亦师亦友的赵蕤，作诗《淮南卧病书怀寄蜀中赵徵君蕤》，以诗代书，向对方陈述了自己的境遇，倾诉了思乡念友之情。

吴会一浮云，飘如远行客。功业莫从就，岁光屡奔迫。
良图俄弃捐，衰疾乃绵剧。古琴藏虚匣，长剑挂空壁。
楚冠怀钟仪，越吟比庄舄。国门遥天外，乡路远山隔。
朝忆相如台，夜梦子云宅。旅情初结缉，秋气方寂历。
风入松下清，露出草间白。故人不可见，幽梦谁与适。
寄书西飞鸿，赠尔慰离析。

岁月飘零，功业未就。他很是不甘。

古琴藏虚匣，长剑挂空壁，壮志难酬的无奈显而易见。

李白曾这样评价自己："怀经济之才，抗巢由之节，文可以变风俗，学可以究天人"。他曾天真地以为，功名事业，唾手可得。然而，浪迹数年，他仍是白衣在身。尽管性情旷达，但如此境遇，再加上人在异乡卧病不起，难免苦闷。

人生际遇，原本如此。出发时的志得意满，多年后的满心萧瑟，中间是漂泊憔悴的身影。辽阔的红尘之海，本是没有舟楫助我们泅渡的。我们只能将自己当做扁舟，去寻找彼岸。世事凄迷，若能将际遇化作能量，再次高歌起程，哪怕仍旧无法抵达，至少有个坚定的模样。

李白吴越之行，干谒求仕未果，功业仍是遥不可期。不过，烟雨江南的风情和底蕴，陶冶了他的情操，丰富了他的思维和想象，促使了他清新自然诗风的形成。此后，他曾多次涉足吴越，并在金陵留居许久。这个时期，他曾写过两首《长干行》，可谓"清水出芙蓉，天然去雕饰"之作。

郎骑竹马来，绕床弄青梅。同居长干里，两小无嫌猜。
十四为君妇，羞颜未尝开。低头向暗壁，千唤不一回。
十五始展眉，愿同尘与灰。常存抱柱信，岂上望夫台。
十六君远行，瞿塘滟滪堆。五月不可触，猿声天上哀。
门前迟行迹，一一生绿苔。苔深不能扫，落叶秋风早。
八月蝴蝶黄，双飞西园草。感此伤妾心，坐愁红颜老。

青梅竹马，两小无猜。故事的开头风和雨细。

故事的最后，人各两处，秋风萧瑟。

爱情里面，纵然有尾生抱柱的信念，也未必能换得月圆花好。待到红颜迟暮，掀开尘埃回望从前，不过是一句往事不堪回首。爱情如此，人生亦是如此。满心的热情，或许只能落得满地的萧索。世事如霜，谁都勉强不得。

李白还将上路。带着他的豪放与傲岸，与过去挥手作别。

一人，一剑，一马。古道有风，岁月无岸。

眼前有景道不得

我们是生活的亲历者。

却也可以跳出生活，于寂静之处，冷眼旁观。

终于发现，沉醉与狂欢，都是别人的。

现在的李白便是如此。他感受着开元盛世清明与繁华，却又分明觉得，盛世华年离他很远。庙堂很远，仕途很远。只有月光很近，照他万千思量。

开元十五年（727）春，病愈之后的李白离开了扬州，前往楚地。他先北上汝州，去寻访好友元丹丘。途中，他结识了孟浩然。尽管，孟浩然比李白年长十二岁，但因为性情相投，两人一见如故。

孟浩然，襄阳人，世称孟襄阳。因他未曾入仕，又称之为孟山人，是唐代著名的山水田园派诗人。孟浩然生当盛唐，早年有志用世，在仕途困顿、痛苦失望后，尚能自重，不媚俗世，修道归隐终身。曾隐居鹿门山，时常泛舟于山水之间。四十岁时，游长安，应进士举不第。曾在太学赋诗，名动公卿，满座倾服，为之搁笔。因其诗在艺术上有独特的造诣，后人把其与王维并称为"王孟"。

孟浩然有一段转喉触讳的故事。《唐摭言》载：一日，孟浩然到好友王维的衙内玩，忽传玄宗驾到。孟因身为白丁，没有官职，不能见皇上，便急忙躲在床下，被玄宗发现，命他出来，并问他最近有什么新作。

孟浩然便念了自己的《岁暮归南山》，中有"不才明主弃，多病故人疏"句。玄宗闻此，心中不悦，便说："卿不求仕而朕未尝弃卿，奈何诬我。"于是放其还乡。孟浩然因此终生与仕途无缘。这样也好，与山水为邻，似乎更有意趣。孟浩然也好，李白也好，皆是简单澄澈之人，而官场却是个机关算尽、丑态百出的地方，身在其外，远离是非，倒也落得自在。

文人相交，只求情趣投合，不论高低贵贱。

豪放的李白，澹泊的孟浩然，诗酒唱和，醉眼迷离。

于他们，有诗有酒，有知交好友，便有了完整的世界。

告别孟浩然后，李白前往汝州，在元丹丘的颖阳山居小住了数日。然后，元丹丘陪同李白去往安州首府安陆，拜见了元丹丘故友，时任安州中督府都督的马世会。后者对李白十分欣赏，称其英才天纵，并且评价道："寻常人的文章，就如山上无飞烟流霞，春日无绿树青草，读来索然无味；而李白之文，清雄奔放，名章俊语，络绎间起，光明洞彻，句句动人。"

先有元丹丘的关系，后有对李白的激赏，因此马世会对李白颇为关照。李白便在安陆西北六十里的寿山住了下来。寿山风景绝佳，林壑幽美，山明水净，李白非常喜欢这里。在写给朋友的书信中，他对寿山多有溢美之词。

李白隐居于此，每日观峰望峦，聆风听雨。满腔豪情得以尽情舒张，无限才华可以随时释放。在他看来，寿山"攒吸云雨，纲纪四方"，可与三山五岳相媲美。

正在享受山水之乐的时候，李白收到了好友孟少府的书信，指责李白隐于山野，不肯纵横天下。不久后，李白写了篇《代寿山答孟少府移文书》，以寿山之名义，回答了孟少府的指责，表明了自己的志趣和理想。

在这篇文章里，李白称自己"天为容，道为貌，不屈已，不干人"。而且，他表明了自己的终极理想："申管、晏之谈，谋帝王之术。奋其智能，愿为辅弼。使寰区大定，海县清一。事君之道成，荣亲之义毕，然后与陶朱、留侯，浮五湖，戏沧洲。"

对于理想,李白始终笃定。他希望,以宰相的身份,使大唐王朝河清海晏。功成名退后,纵情山水,泛舟五湖。他告诉孟少府,此时隐于山野,是为了待时而出。显然,这并非虚言。对李白来说,仗义行侠,求仙问道,隐山近水,都是在养望待时。

可惜,他不是垂钓渭水的姜子牙,也不是躬耕南阳的诸葛亮。

宰相那个位置,实非触手可及。事实上,遥不可及。

而且,宰相之位,看似煊赫,实则死生难测。

在唐代的宰相中,直接在相位上死于非命的有四十一位,如上官仪、魏玄同、杨国忠、元载、李训等;而离宰相位后身遭惨死者的有四十二人,如长孙无忌、李辅国、刘晏、杨炎、杜让能等;登上宰相之位又遭贬谪的,则不可胜计,如张九龄、张嘉贞、李德裕、李宗闵等。

李白固然惊才绝艳,但以其傲世性情,就算侥幸当了宰相,怕也是很难善终。至于功成名退后泛舟五湖,流连山水,大概只是他一厢情愿的美丽幻想罢了。也正因他难以敲开庙堂之门,大唐少了位未必称职的宰相,世间多了位无比卓越的诗人。

开元十六年(728)春,李白出游江夏(今武昌)。他先到洞庭湖畔已故好友吴指南草葬之处,将其迁葬于江夏城东。这是他对朋友的交代。

无论在何处,李白都是纵情的模样。

畅游山水,诗酒言欢,他说不醉不还。

此时,他登上了黄鹤楼。黄鹤楼始建于三国时期吴黄武二年(223)。晋灭东吴以后,三国归于一统,该楼在失去其军事价值的同时,随着江夏城地发展,逐步演变成为官商行旅"游必于是"、"宴必于是"的观赏楼。

黄鹤楼之名,源于黄鹤仙人的传说。南朝祖冲之在其《述异记》中讲到:

有个喜爱道术的人，在黄鹤楼上游玩时，忽然看到有驾鹤的仙人从天而降，在楼上饮酒唱歌，宴后，仙人们纷纷驾鹤而去。

昔人已乘黄鹤去，此地空余黄鹤楼。
黄鹤一去不复返，白云千载空悠悠。
晴川历历汉阳树，芳草萋萋鹦鹉洲。
日暮乡关何处是？烟波江上使人愁。

黄鹤楼上，前人题诗甚多，李白却独独欣赏崔颢这首。

他说：眼前有景道不得，崔颢题诗在上头。

并非故作低调，而是由衷欣赏。

他傲视权贵，但是对真正的才子，从来不缺赞誉。尽管，他比崔颢年长三岁，但是这首《黄鹤楼》，让他欣赏至极。烟波浩渺，草青云淡，他却不愿再费笔墨。只因，此间风情，已被写尽。如此沉默着，倒也成了佳话一段。

此时，孟浩然从鹿门来到江夏，与李白畅游数日。然后，孟浩然东下扬州，李白在黄鹤楼为其送行，写了首《黄鹤楼送孟浩然之广陵》：

故人西辞黄鹤楼，烟花三月下扬州。
孤帆远影碧空尽，唯见长江天际流。

孟浩然走后，李白也回到了安陆寿山。此时的他，诗名远播，虽没有功名在身，不少人还是对他青眼有加。这其中，就有曾在唐高宗时任宰相的许圉师之后人。此时，许圉师已故去多年，但许家在安陆仍是名门望族，不过许家赏识李白，愿意招他为婿。

李白是入赘到许家的。就当时的观念来讲，这是很不容易的。之所以甘愿入赘，首先是对许家小姐颇为钟意；其次，就婚故相之家，对其政治理想或许也算另辟蹊径；再次，李白天性疏狂，行事总是率性，不管别人如何评说。从这件事我们可以看出，整个唐代的社会观念是比较开放的。武则天能登大宝，李白入赘许家也没什么大不了。

婚后，李白移居许家的白兆山桃花岩。

毕竟出自相门，许家小姐秀外慧中，才貌双全。

琴瑟在御，岁月静好。桃花岩的日子清淡而诗意。

不过，入赘之事却招致不少人鄙薄。面对世人指摘，李白写了首《山中问答》作了回答，几许不屑，几许云淡风轻。笑而不答，淡定从容，就是他的态度。

问余何意栖碧山，笑而不答心自闲。
桃花流水窅然去，别有天地非人间。

然而，他可以笑看风云淡，日子却并非如此。因为孤高自傲的性格，加上入赘之事总被当做谈资加以嘲讽，他在安陆与别人时有不快乃至纷争。后来，还因为醉酒，误将李长史当做友人，冲撞了后者车马。事后，他写了《上安州李长史书》，申诉了原委。但是，安陆的生活依旧艰难。

裴长史至安州上任后，关于李白的流言蜚语不绝于耳。裴长史初至此地，信以为真。李白知道，寻常百姓无论怎样指摘和毁谤，都可以淡然视之；但若是为当地长官所不容，那就不能气定神闲了。

眼见得在安陆难以立足，李白给裴长史写了封信《上安州裴长史书》，讲述了自己的履历、才华与理想，以及在安陆的遭遇。他说，大人若是以礼相待，我自然感激不尽；倘若大人不容我在这里，我便挥手而去，西入长安。

意思很明白：天下之大，何处没有容身之处。

依旧是狂傲的模样。明月侍坐，清风扫门。

初至长安

李白离开了安陆。

他虽旷达，却也讨厌纷扰。

他喜欢简单生活，把酒对月，长啸临风；或者，三两知己，低吟浅酌。

而此时对他来说，安陆几乎可说是个是非之地。人们依旧流言不断，写给裴长史的书信杳无回音。他想清静度日，都已很难。于是，与许夫人商量后，李白很快就上路了。他要去的，是大唐京都长安。

那里，有繁华逐眼，有文人荟萃，有王侯遍地。

所有的悲欢聚散，组成了盛世的歌舞升平。

自然地，月下的长安，亦是几家欢喜几家愁。

李白相信，在那个距离庙堂最近的地方，可以迎来人生的转机，实现他的抱负。那是开元十八年（730）春夏之交，李白离开了安陆，前往长安。

白兆山桃花岩注定留不住他。

他是属于万里关河的。

未久，李白已在长安了。许是白日，倾城的日光，照着市井繁华；许是入夜，满城的灯火，对望纸醉金迷。贩夫走卒、王侯将相，各有各的生活，各有各的欢喜与不安。文人们在属于自己的角落里，把酒唱和，以诗的名义，吟诵着太平。

风尘仆仆，飘然而至。是李白的身影。

他将自己交给了长安。却不知道，长安到底能给他什么。

但是至少，初至长安，他是喜悦的。

举着酒杯，他开始阅读长安。很古老，很厚重，很繁华。

长安是历史上第一座被称为"京"的都城，也是历史上第一座真正意义上的城市。周文王时就定都于此，筑设丰京，武王即位后再建镐京，合称丰镐。

汉高祖五年（前202）置长安县，在渭河南岸、阿房宫北侧、秦兴乐宫的基础上兴建长乐宫，高祖七年（前200）营建未央宫，同年国都由栎阳迁移至此，因地处长安乡，故名长安城，取意"长治久安"。

长安是十三朝古都，是历史上建都朝代最多，建都时间最长，影响力最大的都城，居中国四大古都之首，隋唐时期世界最大的城市。长安是丝绸之路的东方起点和隋唐大运河的起点，是迄今为止唯一被联合国教科文组织确定为世界历史名城的中国城市，与雅典、罗马、开罗并称世界四大文明古都。

公元618年，李渊称帝，建立唐朝，定都长安。唐太宗和唐玄宗年间先后增建了大明宫和兴庆宫等宫殿。唐长安城面积约87平方公里，是西汉长安城的2.4倍，元大都的1.7倍，明清北京城的1.4倍；是公元447年所修君士坦丁堡的7倍，是公元800年所修巴格达的6.2倍，为古代罗马城的7倍。

唐大明宫占地3.2平方公里，相当于3个凡尔赛宫、4.5个故宫、12个克里姆林宫、13个卢浮宫、15个白金汉宫，充分显示了唐代宫城建筑的雄伟风貌。

长安城规模宏伟，布局严谨，结构对称，排列整齐。

外城四面各有三个城门，贯通十二座城门的六条大街是全城的交通干道。纵贯南北的朱雀大街则是一条标准的中轴线，它衔接宫城的承天门、皇城的朱雀门和外城的明德门，把长安城分成了东西对称的两部分，东部是万年县，西部是长安县，东、西两部各有一个商业区，称为东市和西市。城内南北11条大街，东西14条大街，把居民住宅区划分成了整整齐齐的110坊，其形状近似一个围棋盘。

唐长安城由外郭城、宫城、皇城三部分构成。宫城位于廓城北部中央，平面长方形，中部为太极宫，正殿为太极殿。东为皇太子东宫，西为宫人所居的掖庭宫。皇城接宫城之南，有东西街7条，南北街5条，左宗庙，右社稷，并设有中央衙署及附属机构。城东南角有一座人工园林——芙蓉园，园中有曲江池。

唐长安城鼎盛时期常住人口185万。其中，除居民、皇族、达官贵人、兵士、奴仆杂役、佛道僧尼、少数民族外，外国的商人、使者、留学生、留学僧等总数不下3万人。当时来长安与唐通使的国家、地区多达300个。

唐的科技文化、政治制度、饮食风尚等从长安传播至世界各地。另外，西方文化通过唐长安城消化再创造后又辗转传至周边的日本、朝鲜、缅甸等国家和地区。唐长安成为世界西方和东方商业、文化交流的汇集地，是当时世界上最大的国际大都会。

唐长安城的形制是中国古代城市、尤其是都城建设的典范，在当时也影响了邻近国家的都城建设。日本的平城京和平安京、渤海国上京龙泉府都效仿了长安城的规划结构。

无疑，这是个好的年代，可谓四海升平。

即使如此，灯火之下，也少不了把酒的寂寞之人。

这世界就是如此。有灯火耀眼，便有风前嗟叹；有喧嚷狂欢，便有独自沉默。有了这样的映衬，才有了华严的大千世界。有明暗交替，悲喜交织，诗人们才有行吟的理由。

盛世的长歌之下，李白凭栏独坐。有月，有酒。

偌大的长安城，有人归来，有人离去。

他希望自己是前者。而立之年，他不愿流光虚度。

长安城里，有无数为科举奔忙的仕子，他不愿与他们为伍。他希望，遇到举贤荐士之人，成就他闻达天下的夙愿。在当时，除了科举，被举荐也是入仕的重要途径。李白四处干谒，便是为此。

通过多方疏通关系，李白去求见朝廷左相张说，并结识张说次子驸马都尉、卫尉卿张垍。然而，张垍是个嫉贤妒能之人，虽然答应要帮助李白，却只是将其安置到终南山北麓的玉真公主别馆，然后便不闻不问了。那里地僻人稀，又逢秋雨连绵，李白不堪其苦，于是写了《玉真公主别馆苦雨赠卫尉张卿二首》，向张垍陈情求助。

秋坐金张馆，繁阴昼不开。空烟迷雨色，萧飒望中来。
翳翳昏垫苦，沉沉忧恨催。清秋何以慰，白酒盈吾杯。
吟咏思管乐，此人已成灰。独酌聊自勉，谁贵经纶才。
弹剑谢公子，无鱼良可哀。

日子苦不堪言，但他所求，并非物质供给，而是入云之梯。

他说，他有管仲、乐毅之才，却无人赏识，只能独酌自勉。

所以，只能如当年冯谖那样，在孟尝君门前弹剑求助。战国四公子之一孟尝君田文，广揽天下名士，养了三千门客。某天，衣衫褴褛的冯谖来投奔，只得到下等门客的待遇。

不久后，冯谖弹剑而唱道："长剑归来乎！食无鱼。"孟尝君得知后说："食之，比门下之客。"未久，冯谖又弹剑唱道："长剑归来乎！出无车。"

孟尝君说："为之驾，比门下之客。"数日后，冯谖再次弹剑唱道："长剑归来乎！无以为家。"孟尝君得知他还有母亲需要奉养，于是又说："使人给其食用，无使乏"。

如此，冯谖决定终身跟随孟尝君。孟尝君政治上失意，众多门客弃他而去，只有冯谖一直跟随，并且以"狡兔三窟"的做法，让孟尝君重新获得了齐王的信任，最后为相数十年，相安无事。

李白的话很明白：长剑在手，不信没有能弹响的地方。明明是求人，却没有摧眉折腰的姿态。相反，话语中尽是自负。这当然是李白的风骨，却也可以说，是盛唐文人普遍的精神面貌。那便是，纵然有求于人，也只是权宜之计，绝不使人格受辱。这是一个时代的整体性格。

可惜，张垍并非孟尝君。李白的弹剑之诗，沉寂了。没办法，李白只好在晴好之日，走下终南山，结交朋友，谒见王侯，以寻求入仕时机。他结识了崔宗之，两人一见如故。

崔宗之，名成辅，以字行。崔日用之子，袭封齐国公。历左司郎中、侍御史，谪官金陵。与李白诗酒唱和，常月夜乘舟。新唐书《李白传》载，崔宗之与贺知章、李适之、汝阳王李琎、李白、苏晋、张旭、焦遂为"酒中八仙"。

崔宗之对李白十分欣赏，曾写诗《赠李十二》。

李白的风流与风姿，尽在其中。

李侯忽来仪，把袂苦不早。清论既抵掌，玄谈又绝倒。
分明楚汉事，历历王霸道。担囊无俗物，访古千里馀。
袖有匕首剑，怀中茂陵书。双眸光照人，词赋凌子虚。
酌酒弦素琴，霜气正凝洁。平生心中事，今日为君说。
我家有别业，寄在嵩之阳。明月出高岑，清谿澄素光。

云散窗户静，风吹松桂香。子若同斯游，千载不相忘。

在崔宗之眼中，李白是这副模样：目光如炬，胸襟似海；
有书生意气，亦有剑气如虹；有琴书诗酒情怀，亦有经天纬地才华。
饮酒弹琴赋诗，不含半点俗气。

想必，在知交好友眼中，李白都是如此。简单而大气，清雅而放旷。崔宗之得知李白在终南山住得不如意，便劝他前往嵩山自家别业居住，却被李白婉言谢绝了。他在写给崔宗之的诗中说："幸遭圣明时，功业犹未成。奈何怀良图，郁悒独愁坐。"

还说："举身憩蓬壶，濯足弄沧海。从此凌倒景，一去无时还。"
他终是希望，功成名就后，再退隐林泉。
最初和最后，他都是同样的念想。
因为执着，所以寥落。

寂寞终南山

灯火与风尘，诗意与酒兴，过客与归人，跌宕成盛世华章。
几分壮美，几分迷离。那是古老的长安城。李白并不属于这里。
他在终南山上，遥望长安城的繁华。
终南山又名太乙山、中南山、周南山，简称南山。横跨蓝田县、长安区、鄠邑区、周至县等县区，地形险阻、道路崎岖，大谷有五，小谷过百，绵延二百余里，雄峙在长安之南，成为长安城高大坚实的依托、雄伟壮丽的屏障。素有"仙都"、"洞天之冠"和"天下第一福地"的美称。
《左传》称终南山"九州之险"，宋人所撰《长安县志》载："终南横亘关中南面，西起秦陇，东至蓝田，相距八百里，昔人言山之大者，太行而外，莫如终南。"

终南山为道教发祥地之一。据传楚康王时，天文星象学家尹喜为函谷关关令，于终南山中结草为楼，每日登草楼观星望气。后来，老子身披五彩云衣，骑青牛而至，尹喜将其请至楼观，执弟子礼，请其讲经著书。老子在楼南的高岗上为尹喜讲授《道德经》，然后飘然而去。道教产生后，尊老子为道祖，尹喜为文始真人。

自尹喜草创楼观后，历朝于终南山皆有所修建。终南山远离尘嚣，历来是隐居的好去处。姜子牙、赵公明、张良、孙思邈、王维、王重阳等人都曾隐居于此。

李白居于此处，却有些无可奈何。

于他，而立之年，还远远没到隐退山中的年岁。

事实上，身在终南山上，他也从未忘记寻找进身之道。

他曾写信给长安县尉崔叔封，将后者比作推举诸葛亮出山的崔州平；他也曾立于终南山眺望长安城，写下《君子有所思行》，盛赞太平盛世。然后，落寞地望着远方，落笔纸上，是一首《长相思》：

长相思，在长安。
络纬秋啼金井阑，微霜凄凄簟色寒。
孤灯不明思欲绝，卷帷望月空长叹。
美人如花隔云端。
上有青冥之长天，下有渌水之波澜。
天长路远魂飞苦，梦魂不到关山难。
长相思，摧心肝。

说是相思，其实是对仕途的期待。此时的李白，在长安已有多日，干谒求荐始终苦无进展。魏阙近在咫尺，他却不得其门而入。就仿佛，美人如玉，却是远隔云端。功名两个字，很近，也很远。

幸好，落寞的时候，还有山水为邻，还有诗酒为伴。偶尔，还有意气相投的好友，煮酒问月，尽兴倾谈。比如，那日他从终南山下来，去到斛斯的隐居之处，两人把酒畅谈，将世间纷扰忘了个干净。

暮从碧山下，山月随人归。
却顾所来径，苍苍横翠微。
相携及田家，童稚开荆扉。
绿竹入幽径，青萝拂行衣。
欢言得所憩，美酒聊共挥。
长歌吟松风，曲尽河星稀。
我醉君复乐，陶然共忘机。

凉风习习的午后，独自窗前，品茗读书，自得其乐；
白雪纷纷的冬夜，三五知己，围炉煮酒，共话沧桑。
这样的画面让人神往。只可惜，身边的世界，云烟散漫，灯火迷离。最初，照着诗人归去的月亮，如今仍在。只是，少有人仰望夜空。
不过，浮华尘世，毕竟还有人，在经历过世事沧桑以后，仍旧保持着最初的单纯和恬淡。天性简单率真的人，就算看过人世百态，也不会随了俗流。
这是个美丽的傍晚，清风拂面，碧天如水。李白所在的地方，有草堂柴门，没有浮华喧闹；有绿竹幽径，没有纷扰萧瑟。自然地，还有那个叫斛斯的好友。他们相见，有酒浓诗暖，无机巧是非。

斛斯山人，并非遗世独立。当稚嫩的孩童打开柴扉，便为这幅暮色中的饮宴图平添了几分生机。这是实实在在的生活，有着烟火人间的气息，却又因远离喧嚣而充满诗意。

他们是知己。你的性情，你的情趣，你的悲喜，我都明了。

然而，知己二字，毕竟太重。芸芸众生之中，有几人能得遇知己？

大多数时候，欢喜与忧伤、清朗与荒凉，都只有自己知道。

生命最底层的色彩，到底还是孤寂。

在李白的生命中，与友人畅饮的场景有过无数次。他总会在酒意中忘却，忘却尘世也忘记自己，忘记纷扰也忘记悲伤。他总会毫不犹豫地纵身跃入酒杯，与酒杯外的世界面对面。那时候，他无拘无束，无牵无挂。

或许，只有在浓浓的酒意中，他才能让自己的性情彻底回归。

一曲唱罢，已是月明星稀。从黄昏到深夜，仿佛只是瞬间。

其实，在无涯的时光里，生命也不过是倏忽而过的刹那。人生如歌，说得多好，却又何其冰冷。无论是何种节奏，何种旋律，一曲终了，人世已经变迁，沧海已经桑田。

李白，只能在酒杯中寻得快意和自在。

回到真实的生活，他仍需面对荒凉。

诗酒醉人，终究不是生活的全部。

终南没有捷径，仕途依旧遥远。李白决定西游邠州、坊州等地，有揽胜之意，不过还是为了寻求荐引。入京当年暮秋，他离开长安开始西游，临行前写了首《赠裴十四》，颇含不平之气。他说：徘徊六合无相知，飘若浮云且西去。

西行途中，李白登临了太白山，留诗《登太白峰》：

西上太白峰，夕阳穷登攀。
太白与我语，为我开天关。
愿乘泠风去，直出浮云间。
举手可近月，前行若无山。
一别武功去，何时复更还？

他喜欢，乘风而去，遨游于天地之间；

他亦喜欢，举杯向月，超离人间，摆脱尘世俗气。

但他，又不甘心抛开人世，一去不复返。他在诗中发问："一别武功去，何时复更还？"正当他幻想乘清风，飞离太白峰，神游月境时，回头望见武功，心里却惦念着：若就此离去，何时能够归来。

欲去还留，既出世又入世，李白始终是这样矛盾。

因为矛盾，时常逃不开苦闷。

在邠州新平县，李白备受冷落。在《登新平楼》中他写道："苍苍几万里，目极令人愁"；在《赠新平少年》中他写道："长风如短袂，内手如怀冰。故友不相恤。新交宁见矜。"当日在扬州，他曾一掷万金，资助别人。而如今，身居困顿，苦寒相续，几乎无人问津。即使如此，他仍相信有直上云霄之日，就像他在诗中所写：何时腾风云，搏击申所能。

其后，李白到了坊州，受到了王嵩的款待。王嵩为坊州司马，他还介绍李白与同样从长安来此做客的阎正字相识。他们曾登高饮酒，对雪赋诗。

王司马首先写了首诗,阎正字马上奉和一首,李白自然也就来了首《酬王司马阎正字对雪见赠》。诗的末尾，他又忍不住透露出希望王司马荐举的意思："主人苍生望，假我青去翼。风水如见资，投竿佐皇极"。

王嵩见此，以为李白希望得到资助，便按当时规矩加倍赠与。李白本待谢绝,奈何囊中羞涩;欲待收下,又觉得自己已落到"文丐"地步。不免感慨一番,便写下了《留别王司马嵩》。其中写道:"愿一佐明主,功成还旧林。西来何所为,孤剑托知音。"

  西行数月,又是落寞而归。

  孤剑托知音,总是以无奈收场。

  带着失望,和孑然的自己,李白回到了终南山。

我来南山阳,事事不异昔。
却寻溪中水,还望岩下石。
蔷薇缘东窗,女萝绕北壁。
别来能几日,草木长数尺。
且复命酒樽,独酌陶永夕。

  已是春天。终南山的生活,一如从前。

  似乎是这样,日子是新的,草木是新的。心情却是旧的。

  春和景明,莺飞草长。他只能独酌,在日与夜之间。

第三卷：红尘辗转

所有的道路，都为漂泊而存在；
就像，所有的江湖，都为纷扰而存在。
独行千里，快意恩仇，不过是在风尘中打捞自己。

行路难，归去来

人生本是流浪一场。

从篱下到月下，从此处到彼处。

最好的结果是，出走多年，归来仍是少年。

我们终会老去，从晨光熹微到日薄西山，不过是倏忽之间。最重要的是，穿过凌乱世事，仍能保留几分清澈与天真。曾经，我们向往成熟；多年以后终于发现，天真才是最难得的模样。

我以为，诗是必然要与天真为邻的。

没有天真，就做不到真诚，就不会将山水草木视为知己。

李白从未放下求取功名之心，只因那是他毕生的志向。尽管如此，他也从未改变率真本性，对人对事，清澈见底。若非如此，他的诗恐怕不会有那般魔力。

回到终南山以后，生活波澜不惊，却又百无聊赖。这段时间，干谒未果，李白结交了不少长安市井少年。并非青年才俊，而是些斗鸡走马之途，李白之所以与之交往，有点放浪形骸的意味，也是他任侠精神的再度呈现。

由于唐玄宗喜好斗鸡之戏，擅长此事者能够得到恩宠，所以当时社会上斗鸡成风，民间还流传"生儿不用识文字，斗鸡走马胜读书"的歌谣。那时候，很多豪门子弟聚集于五陵一带，或以擅长斗鸡取悦王侯，或以曾立军功获宠于朝廷，或供职于军中，或混迹于游侠，有恃无恐，横行闹市，被称为五陵豪杰。李白欣赏他们的游侠作风，还曾写诗称赞。

龙马花雪毛，金鞍五陵豪。秋霜切玉剑，落日明珠袍。
斗鸡事万乘，轩盖一何高。弓摧南山虎，手接太行猱。
酒后竞风采，三杯弄宝刀。杀人如剪草，剧孟同游遨。
发愤去函谷，从军向临洮。叱咤经百战，匈奴尽奔逃。
归来使酒气，未肯拜萧曹。羞入原宪室，荒淫隐蓬蒿。

倜傥不群、武艺高强；嫉恶如仇、任侠不羁。

在李白眼中，五陵豪杰是这样的。他喜欢这样的生命气质。

在这首《白马篇》里，李白以丰富的想象，夸张的语言，刻画了一个武艺高强、报国杀敌、功成退隐的侠客形象。他出身高贵，剑如秋霜，袍饰明珠，艺高胆大，堪与名侠剧孟比肩。他虽身经百战，威震胡虏，但功成后又任性使酒，不肯俯身下拜萧何曹参之类的高官，而是隐居于荒山野径。

这里，有他的任侠精神，也隐约可见其人生理想。

那便是，功成名就，退隐江湖。

其实，李白对于所谓的五陵豪杰，是缺乏根本性认识的。他们的豪侠外表，并不能掩盖他们横行无忌、仗势欺人的本质。后来，李白曾被他们围攻，幸亏友人陆调请御史台大人派兵过来，才替他解了围。多年后，李白在《叙旧赠江阳宰陆调》一诗中提及了此事。

恍然间，又是秋天。长安月色，渐被西风吹冷。

繁华深处，人去人来。李白，在捣衣声里沉默不语。

长安一片月，万户捣衣声。
秋风吹不尽，总是玉关情。
何日平胡虏，良人罢远征。

在古代，游子或者征夫身在异地他乡，独守空房的女子会制寒衣寄给在外的人。将织好的布帛，铺在平滑的砧板上，用木棒敲平，以求柔软熨贴，称为捣衣。张若虚《春江花月夜》中写道："玉户帘中卷不去，捣衣砧上拂还来"；贺铸《捣练子》词："砧面莹，杵声齐，捣就征衣泪墨题。"

这捣衣声，在古代诗词里从未断过。

而此时此夜，正敲在李白失落的心头。

即使是大唐盛世，边境烽火也从未熄灭。有战祸，就有离愁，就有相聚无期的绝望。李白是这样，既醉心山水，又追逐功名；既流连诗酒，又心系苍生。事实上，安民济世是他笃定的志向。他希望，那样的盛世，不再有战乱，不再有凄凉的捣衣之声。

而他自己，依旧在命运的轮盘上彷徨。

长安，喧嚷是别人的，繁华是别人的，欢颜是别人的。

他像个局外人，望着宫阙楼台，默然叹息。

就这样叹息着，渐渐有了归去的念头。

大道如青天，我独不得出。
羞逐长安社中儿，赤鸡白雉赌梨栗。
弹剑作歌奏苦声，曳裾王门不称情。
淮阴市井笑韩信，汉朝公卿忌贾生。
君不见昔时燕家重郭隗，拥篲折节无嫌猜。
剧辛乐毅感恩分，输肝剖胆效英才。
昭王白骨萦蔓草，谁人更扫黄金台？
行路难，归去来。

如今的李白，不再与所谓的五陵豪杰往来。

对他们，他满是不屑。他已知晓，他们不过是些斗鸡走狗的纨绔子弟。

所以他声明，自己羞于去追随长安里社中的小儿。他在《答王十二寒夜独酌有怀》中写道："君不能狸膏金距学斗鸡，坐令鼻息干虹霓"，也是不屑与之为伍的意思。

那么，他所能结交的，除了寥寥几个好友，便少有别人了。他希望平交王侯，但是在长安，偌大的城市里，王公权贵们并未看重他。这让他很是沮丧。

他说，"淮阴市井笑韩信，汉朝公卿忌贾生。"韩信未得志时，在淮阴曾受到一些市井无赖们的嘲笑和侮辱。贾谊年轻有才，汉文帝本打算重用，但由于受到大臣灌婴、冯敬等的忌妒、反对，后来竟遭贬逐。李白借用了韩信、贾谊的典故，写出了长安市井人们对他的嘲笑和轻视，以及当权者对他的嫉妒和打击。不得志之落寞溢于言表。

即使如此，他仍对建功立业充满渴望。战国时燕昭王为了使国家富强，尊郭隗为师，于易水边筑台置黄金其上，以招揽贤士。于是乐毅、邹衍、剧辛纷纷来归，为燕所用。燕昭王对于他们不仅言听计从，而且屈己下士，折节相待。当邹衍到燕时，昭王亲自扫除道路迎接，恐怕灰尘飞扬，用衣袖挡住扫帚，以示恭敬。

李白常以管仲、晏婴、姜尚、诸葛亮自比，总是幻想着，如他们那样风云叱咤，匡君济世。然而，真实的情况却是，即使是身处开元盛世，朝廷广揽人才，他也未能叩开庙堂门扉。

路途艰险，不如归去。

终于，他在沉重的叹息中，说出了这样的愤激之词。

有失望，有怨艾，有喟叹。却并未绝望。

他想离开，却不是消极避世，而是去别处继续寻找机会。

当年的陶渊明，曾写《归去来兮辞》，是因为厌倦了官场，决心退隐林泉。后来的日子是：采菊东篱，种豆南山。李白也喜欢林山竹巷之乐，但他不愿在年轻的时候，便将自己交给流水高山。他希望，他的人生除了纵意于江湖，还有巍然于庙堂的日子。

那段时间，有一位朋友离京入蜀，李白写了《送友人入蜀》相赠：

见说蚕丛路，崎岖不易行。
山从人面起，云傍马头生。
芳树笼秦栈，春流绕蜀城。
升沉应已定，不必问君平。

临别之际，李白亲切地叮嘱朋友：蜀道崎岖险阻，路上处处是层峦叠嶂，不易通行。语调平缓自然，恍若两个好友在娓娓而谈，感情显得诚挚而恳切。

蜀道在崇山峻岭上迂回盘绕,人在栈道上走,山崖峭壁宛如迎面而来,从人的脸侧重迭而起,云气依傍着马头而升起翻腾,像是腾云驾雾一般。不过,蜀道虽然峥嵘险阻,却也有瑰丽的风光在秦栈上:芳树笼秦栈,春流绕蜀城。

秦栈是由秦入蜀的栈道,在山岩间凿石架木建成,路面狭隘,道旁不会长满树木。"笼"字准确地描画了栈道林荫是由山上树木朝下覆盖而成的特色。

这一联,前句写山上蜀道景致,后句写山下春江环绕成都而奔流的美景。远景与近景上下配合,相互映衬,风光旖旎,有如一幅瑰玮的蜀道山水画。以浓彩描绘蜀道胜景,对即将入蜀的友人来说,无疑是一种抚慰与鼓舞。

结尾,他又说:升沉应已定,不必问君平。李白了解,这位朋友怀着追求功名目的入蜀,因而临别赠言,便意味深长地告诫:个人的官爵地位,进退升沉都早有定局,不必再去询问善卜的君平。

西汉严遵,字君平,隐居不仕,曾在成都卖卜为生。李白借用君平的典故,婉转地启发他的朋友不要沉迷于功名利禄之中,可谓谆谆善诱,凝聚着深挚的情谊。

很显然,除了劝慰朋友,这里也有对自己处境的感慨。

浪迹多年,四方干谒无果,他已渐渐明白,功名之事强求不得。

原本,功名如尘土,富贵如浮云。

苦心孤诣,往往只会落得一地凄凉。

何况,他是个天生的诗人,却未必是天生的政治家。他有安定天下之志,未必有运筹帷幄之才。且不说朝堂不得其门而入,纵然入得其中,恐怕难以青云直上,反而只会磨折性情。须知,官场里面,多的是见风使舵、倾轧算计，少的是清白坦荡、细雨斜风。

李白，就该是纵情湖山，把酒邀月、不醉无归的。

他该是笑傲天地之间，领千古风流的姿态。

官场的昏暗与诡诈，从来都不属于他。

写了那首送别诗之后，李白意犹未尽，于是又写了首《蜀道难》。

《蜀道难》采用律体与散文间杂，文句参差，笔意纵横，豪放洒脱。全诗感情强烈，一唱三叹，回环反复，读来令人心潮激荡。而立之年的李白，经过多年漂泊，行遍南北，其笔下文字，既有南方的清隽秀雅，又有北方的雄浑宽阔，豪放飘逸的诗风已成。

锦城虽云乐，不如早还家。
蜀道之难，难于上青天，侧身西望长咨嗟！

洋洋洒洒三百余字，以此结尾。

人生如蜀道，寻寻觅觅，不如早日归去。

归去，是一蓑烟雨任平生，是也无风雨也无晴。

但是李白，真的想要归去吗？

人生如逆旅

苏东坡说，人生如逆旅，我亦是行人。

尘世间，每个人都是异乡过客，在世事阡陌间辗转流离。

最好的姿态应该是，风至便听风，花开便看花。随遇而安。

李白离开了长安，是开元二十年（732）五月。此番入长安，风月也好，繁华也好，他都没有融入其中。于是，他带着失落的自己，离开车水马龙的京城，沿黄河而下，到了大梁（今河南开封）及宋州（今河南商丘）等地，住了些时日。

此时的李白，算是访胜寻古，却又总是买醉遣愁的模样。

不久之后，他来到了梁园。

梁园，又称梁苑、菟园、睢园、修竹园，俗名竹园，为西汉梁孝王刘武所建的游赏廷宾之所，故址位于今河南省商丘市睢阳区东。当时，"三百里梁园"成为名满天下，只有汉景帝的上林苑可与之媲美。

枚乘在《梁王菟园赋》中记录了当时的盛况："晚春早夏，邯郸、襄国、易、涿容丽人及燕汾之游子，相予杂还而往焉。"游人徘徊在奇花异卉、茂林修竹之间，但见重楼起雾，飞阁生烟，离宫、别馆中看不完的霓裳翠袖，听不尽的夜夜笙歌。

梁孝王喜欢招揽文人谋士，司马相如、枚乘等人都经常受邀前来。月白风清之日，他们在梁园酬唱应答，把酒言欢，畅快淋漓。

司马相如客居梁园数年，临别时说：梁园虽好，不是久恋之家。

他不知道，两千多年后，这话还有人偶尔说起。

他不知道，八百多年后，有个叫李白的诗人，在梁园把酒思古。

人生达命岂暇愁，且饮美酒登高楼。
平头奴子摇大扇，五月不热疑清秋。
玉盘杨梅为君设，吴盐如花皎白雪。
持盐把酒但饮之，莫学夷齐事高洁。
昔人豪贵信陵君，今人耕种信陵坟。
荒城虚照碧山月，古木尽入苍梧云。
梁王宫阙今安在？枚马先归不相待。

> 舞影歌声散绿池，空馀汴水东流海。
> 沉吟此事泪满衣，黄金买醉未能归。
> 连呼五白行六博，分曹赌酒酣驰晖。
> 歌且谣，意方远。东山高卧时起来，欲济苍生未应晚。

既然，人各有命，名利如烟。

倒不如，吟风弄月，对酒当歌。

纵然人生失意，也要不负金樽清酒。

曾经，信陵君在这里，潇洒豪勇，万人称颂，如今，他的坟茔之上只剩耕者；曾经，司马相如在这里，风流倜傥，谈笑风生，如今，风流早已散尽，只剩月光虚照。

千古之事，到头来不过是：风流总被雨打风吹去。

借着酒意，怀念着古人，叹念着人生，他是痛苦的李白。

他以达命者自居，对不合理的人生遭遇采取藐视态度，登高楼，饮美酒，遣愁放怀，高视一切。奴子摇扇，暑热成秋，环境宜人；玉盘鲜梅，吴盐似雪，饮馔精美。对此自可开怀，而不必象伯夷、叔齐那样苦苦拘执于高洁。

最后，他是真的醉了，近于纵酒颠狂。呼五纵六，分曹赌酒，简单几笔便勾画出酣饮豪博的形象。"酣驰晖"三字，狂饮情态跃然纸上。

否定了人生积极的事物，自不免消极颓唐。

但这显然是有激而然。狂放由苦闷而生，否定由执着而来。

于是，诗的末尾，他说：东山高卧时起来，欲济苍生未应晚。

他相信，坐卧山水，仍有出山之时。

李白的诗，很多都夹杂着一些消极成分，但总体上并不使人消沉。只因，他心里的火焰从未熄灭，始终没有丢弃追求和信念，这是十分可贵的。

也有人说，这首诗是天宝三年（744）李白再游梁园时所写。

第二年，李白前往嵩山，遍游三十六峰，尽访嵩山胜迹。其后，应故友元丹丘之邀，前往其颍阳别业山居多日。颍阳，唐县名，治所在今嵩山之南河南登封颍阳镇。元丹丘身为道流，或出或处，或显或隐，徘徊于江湖魏阙之间。因其飘逸洒脱，与李白成了莫逆之交。山居的日子，李白曾作《题元丹丘颍阳山居》：

仙游渡颍水，访隐同元君。忽遗苍生望，独与洪崖群。
卜地初晦迹，兴言且成文。却顾北山断，前瞻南岭分。
遥通汝海月，不隔嵩丘云。之子合逸趣，而我钦清芬。
举迹倚松石，谈笑迷朝曛。益愿狎青鸟，拂衣栖江濆。

清溪小径，倚松坐石；临风邀月，谈笑风生。

这样的隐逸之趣，李白是喜欢的。

他若醉心山水，大可以长留于此，不问尘世消息。

但是很显然，对李白来说，山水风致、江湖逸趣，虽然醉人，却不该是人生的全部意义。他需要厚重的人生，在大唐盛世，实现其经天纬地的远大志向。

其后，他告别元丹丘下了山，经汝州，到了洛阳西南的龙门。他借宿于香山寺，从秋天到冬天，遍游龙门寺院和石窟。香山寺位于洛阳城南十三公里处的香山西坳，与龙门石窟西山窟区一衣带水，隔河相望；与龙门石窟东山窟区和白园一脉相连，并肩邻立。

香山寺始建于北魏熙平元年（516）。天授元年（690），武则天在洛阳称帝，建立武周王朝，梁王武三思奏请，敕名"香山寺"，并重修该寺。当时香山寺危楼切汉，飞阁凌云，巍巍壮观，武则天常驾亲游幸，御香山寺中石楼坐朝。留下了"香山赋诗夺锦袍"的佳话。

距离李白至此整整百年以后，太和元年（832），河南尹白居易捐资六七十万贯，重修香山寺，并撰《修香山寺记》，寺名大振，这篇文章开篇第一句即是对香山寺的推崇"洛都四郊山水之胜，龙门首焉，龙门十寺，观游之胜，香山首焉"，此外，白居易还搜集了五千多卷佛经藏入寺中。白居易自号"香山居士"，与如满和尚等人结成"香山九老会"吟咏于该寺的堂上林下。

不过，李白借宿于此，并没有沉心于经卷佛火。

他想的最多的，仍是生逢盛世，壮志难酬。

他想着，殷代傅说原本只是个泥瓦匠，秦代李斯原本只是个牵黄擎苍的猎人，后来都遇到了明主，成了匡扶天下的股肱之臣。继而，想起了姜太公，想起了诸葛亮，不禁悲从中来。

他在《冬夜醉宿龙门觉起言志》中写道："青云当自致，何必求知音"。放眼望去，婆娑人间，似乎谁都指望不上。要成就功业，只能靠自己奋发图强。

不久后，李白写了著名的《梁甫吟》。

长啸梁甫吟，何时见阳春？
君不见，朝歌屠叟辞棘津，八十西来钓渭滨。
宁羞白发照清水，逢时壮气思经纶。
广张三千六百钓，风期暗与文王亲。
大贤虎变愚不测，当年颇似寻常人。
君不见，高阳酒徒起草中，长揖山东隆准公。
入门不拜逞雄辩，两女辍洗来趋风。

东下齐城七十二，指挥楚汉如旋蓬。
狂客落魄尚如此，何况壮士当群雄……

西周的姜太公，长期埋没民间，五十岁在棘津当小贩，七十岁在朝歌当屠夫，八十岁时还垂钓于渭水之滨，钓了十年，才得遇文王，遂展平生之志。

秦末的郦食其，刘邦原把他当作一个寻常儒生，看不起他，但这位自称"高阳酒徒"的儒生，不仅凭雄辩使刘邦改变了态度，以后还说服齐王率七十二城降汉，成为楚汉相争中的风云人物。

李白引用这两个历史故事，寄寓了自己的理想与抱负：大贤虎变愚不测，当年颇似平常人；狂客落魄尚如此，何况壮士当群雄。他不相信自己会长期沦落，无所作为。这首诗的后面，诗人将自己置身于惝恍迷离、奇幻多变的神话境界中，还用了各种典故，或明或暗地倾诉了胸中的忿懑与不平。

尽管如此，李白仍未意志消沉。

他坚信，自己不会久没江湖，与当今明主，终有会合之时。

迷惘之中，仍在用各种办法自我慰藉。他是旷达的李白。

每个人都有想要抵达的彼岸。但是往往，拼尽一生，也未必能如愿。但其实，以梦为马，坚定地走在路上，与曾经的自己不期而遇，也便是抵达了彼岸。

兴许是这样，当你出发，彼岸已在脚下。

又或许，世间本没有彼岸可言。

有的，只是道路。

桃花岩闲居

瞄准月亮,纵然无法抵达,至少可以落在云彩上。

李白是这样,无论道路如何崎岖,他始终相信,有云开月明的时候。

若最终理想落空,那么至少,路上有他昂首经过的足迹。

现在,李白来到了洛阳。洛阳,古称斟鄩、西亳、洛邑、雒阳、洛京、京洛、神都、洛城等,位于河南省西部,因地处洛河之阳而得名,有十三朝古都之称。

唐代自高宗始以洛阳为东都。唐玄宗长期居洛,曾敕令大修中岳庙,并赐风穴寺内佛塔名"七祖塔"。开元元年(713),改洛州为河南府。开元二十一年(733),于洛阳置都畿道。天宝年间,改东都为东京。

与长安的繁华相比,洛阳亦不逊色。

楼台城阙,马龙车水,也是盛世华年的模样。

过往行人,达官贵人屡见不鲜。几分雍容,几分高傲。

李白不识得他们。他们更加不识得李白。和在长安时的境况相似,李白颇受冷遇。令他欣慰的是,在这里他结识了元演。元演其人,性情落拓不羁,为人慷慨豪放,与李白极是相投。

他们曾漫游于人海,闹市沽酒,月下对酌;

亦曾流连于水畔,坐看云起,尽日言欢。

后来,李白曾写诗回忆那段生活:

黄金白璧买歌笑,一醉累月轻王侯。
海内贤豪青云客,就中与君心莫逆。
回山转海不作难,倾情倒意无所惜。

无疑，这是尽情尽兴的日子。

醉卧风前，笑傲王侯；功名利禄，尽为尘土。

然而，这样的日子总有结束的时候。盛筵再好，也有散场之时。所有的欢乐，在后来的日子翻出来，都会令人唏嘘。李白与元演也不例外。就像李白在诗中所写：当筵意气凌九霄，星离雨散不终朝，分飞楚关山水遥。三百年后，同样的洛阳城，欧阳修也曾与好友把酒临风，携手芳丛。离别后，便只剩这样的叹息：可惜明年花更好，知与谁同。

一别，即是千山，即是万水。

所有的故事，有聚便有散，有欢颜便有惆怅。

就像，花有开便有谢，月有圆便有缺。

谁家玉笛暗飞声，散入春风满洛城。
此夜曲中闻折柳，何人不起故园情。

已是开元二十二年（734）的春天了。

在客栈里，李白听到了远处传来的笛声，是《折杨柳》之曲，乡愁蓦然涌起。在写下这首《春夜洛城闻笛》后不久，他离开洛阳，途经南阳回到了安陆。

一别数年，许夫人待他如初。不管漂泊多远，有个淡如秋菊的女子在那里等他，栉风沐雨，总有归途，李白觉得欣慰。说起几年来所遭受之冷遇，他不胜唏嘘。许夫人在难过之余，为他煮酒，以温柔之手，抚慰他流浪的悲伤。她愿意为他倾尽温柔，但他，仍会上路。他有儿女情，也有英雄气。他不许自己永远沉寂。

不管怎样，此时的李白，在那女子身边。

白兆山桃花岩，石室数间，桃林几里。

放旷的李白，也有花前月下的日子。

云卧三十年，好闲复爱仙。蓬壶虽冥绝，鸾鹤心悠然。
归来桃花岩，得憩云窗眠。对岭人共语，饮潭猿相连。
时升翠微上，邈若罗浮巅。两岑抱东壑，一嶂横西天。
树杂日易隐，崖倾月难圆。芳草换野色，飞萝摇春烟。
入远构石室，选幽开山田。独此林下意，杳无区中缘。
永辞霜台客，千载方来旋。

李白写信给长安的朋友刘绾，便是这首《安陆白兆山桃花岩寄刘侍御绾》。他说，安社稷、济苍生的愿景虽然遥不可及，但他内心却十分坦然。长安之行，投书干谒，苦心营运，却是处处碰壁，屡遭白眼，弄得身心俱疲。带着满身的风尘回到桃花岩，终于找到了久违的清静和归属感，他很是欣喜。

可以说，桃花岩的隐逸生活是疗治其累累创痕的良药。这里地处幽僻，远离尘嚣，可以短歌长啸，亦可以煮酒写诗；可以莳芳种豆，亦可以追风逐月。看上去，此间生活，颇有陶渊明"开荒南野际，守拙归园田"之意趣。

他说，要将自己安置于林下，不再过问尘事，直到千年以后才会再入尘网。这里，有受挫后的自我解脱和自我安慰。另外，他想说而并未说出的是，如他这般，有济世经国的远大抱负，有能与司马相如比肩之才华，要直到千年以后才能被认可。这大概是李白对于朝廷的一种暗讽。

不过，既然是隐居，便少不了诗酒唱和。

那段日子的李白，似乎永远是醉醺醺的样子。

> 两人对酌山花开,一杯一杯复一杯。
> 我醉欲眠卿且去,明朝有意抱琴来。

李白襟怀坦荡,与之交往的朋友也是不拘小节之人。因此,花前对饮,他若醉倒,便让朋友自行离去。即使如此,还不忘了叮嘱一句,明日再来对酌,别忘了带着琴。

当年,陶渊明家里收藏了一架没有琴弦的古琴,每当喝酒的时候就抚摸古琴,对来访者无论贵贱,有酒就摆出共饮,如果陶渊明先醉,便对客人说:"我醉欲眠卿可去。"隐居林下,李白俨然便是陶渊明的模样。

醉得多了,大概是冷落了妻子,心里过意不去,于是写诗戏谑道:"三百六十日,日日醉如泥。虽为李白妇,何异太常妻"。太常为官名,掌管礼乐祭祀等事务。

东汉人周泽做太常,克己奉公,斋戒在斋宫之中,有一次病得很厉害,妻子到斋宫中探望问病,他大怒并让人把妻子捉到官府定罪,认为冲犯了神灵。人们笑他太迂腐,说:"生世不谐,作太常妻。一岁三百六十日,三百五十九日斋。"意思说他不近人情,连家都不要了。当时的人们也有拿太常这个职务开玩笑的,因为太常主管祭神,常常斋戒,人们就说他们"一日不斋醉如泥"。

李白在诗歌上的成就是斐然的。后人大都这样评价他的诗:清新自然,飘逸浪漫,豪放不羁,仙气满卷。按理说,诗样的才情,诗样的浪漫,自然也会造就诗样的爱情。但与苏轼、陆游、李商隐等人相比,李白的诗里似乎很少涉及到儿女情长。甚至有人说李白是不屑于谈情说爱的。其实不然,在唐代,"赠内诗"写得最多、内容最为丰富的就是李白和白居易。元人方回曾评论李白:最善赠答篇,肺腑露情愫。

李白说自己日日烂醉,让妻子忍受孤单。言下之意,他很愧疚。

虽是玩笑之语,却可见生活情趣,亦可知夫妻情笃。

有时候,李白也会独酌,一壶酒,万事闲。

我有紫霞想,缅怀沧州间。
且对一壶酒,澹然万事闲。
横琴倚高松,把酒望远山。
长空去鸟没,落日孤云还。
但悲光景晚,宿昔成秋颜。

渐渐的,伤痕平了,入世之心便又蠢蠢欲动了。

开元二十二年,朝廷初置十道采访使,荆州大都督府长史韩朝宗受命兼任山南道采访使,驻节襄阳。次年春,唐玄宗下诏要各地刺史推荐人才。韩朝宗其人,李白早有耳闻,据说最能拔擢后进,有"生不用封万户侯,但愿一识韩荆州"之美誉。

韩朝宗与孟浩然之间有一段故事。据说,韩朝宗十分欣赏孟浩然的才华,想向朝廷推荐他,便约其见面。到了约定的日子,韩朝宗等了许久,不见孟浩然前去。

原来,孟浩然在别处与朋友饮酒。有人提醒他与韩朝宗约定之事,他竟说:"我在此饮酒,无比畅快,哪里顾得了其他!"结果,错过约定,惹恼了韩朝宗,荐举之事就此作罢。孟浩然并不后悔。于他,在人间,最重要的是快意。难怪,李白如此称赞他:醉月频中圣,迷花不事君。酒里乾坤,孟浩然如此,李白何尝不是。

安陆与襄阳,相距并不遥远。

李白决定,前往襄阳,拜谒韩朝宗,望能得其荐引。

路,就在前方,咫尺亦是天涯。

失意襄阳城

昨天越来越多，明天越来越少，这就是人生。

我们在光阴里飘摇，快也好，慢也好，光阴总是不徐不疾。

而我们，不知不觉间，人生几度秋凉。

蓦然回首，若能与从前的自己欣然相对，便不算有负光阴。

我想，有方向，为之风雨兼程，即使永远在路上，也算对人生有了交代。刹那人生，我们未必要风云叱咤，但必须有登临绝顶的勇气。其实，人生的意义，就是让自己渐渐丰盛，哪怕行李微薄。

开元二十三年（735）三月，李白来到了襄阳。在拜谒韩朝宗之前，他先写了封陈情书信，便是《与韩荆州书》。这封信，因为是求人荐引，对韩朝宗颇有奉承之意。比如，他称赞韩朝宗：笔参造化，学究天人。因为这封信，世人对他多有指摘，称其有失风骨。

白陇西布衣，流落楚、汉。十五好剑术，遍干诸侯。三十成文章，历抵卿相。虽长不满七尺，而心雄万夫。皆王公大人许与气义。此畴曩心迹，安敢不尽于君侯哉！

君侯制作侔神明，德行动天地，笔参造化，学究天人。幸愿开张心颜，不以长揖见拒。必若接之以高宴，纵之以清谈，请日试万言，倚马可待。今天下以君侯为文章之司命，人物之权衡，一经品题，便作佳士。而君侯何惜阶前盈尺之地，不使白扬眉吐气，激昂青云耶？

不过，这封信主要还是为了推介自己，介绍自己的经历、才华及气节。仍如从前，字里行间多含疏狂傲世之气。于他自己，是飞扬恣肆。但在别人看来，便是自命不凡。那样张扬的文字，读来很容易让人解读为：我怀有旷世之才，你若不举荐我，便是有眼无珠。

他说：虽长不满七尺，而心雄万夫；

他还说：日试万言，倚马可待。

在唐代，求荐是很寻常的事情。但是完全将自己放在与对方平等的地位上，毫无掩饰地讲述自己的才华，将求荐之信写得气概凌云，恐怕也只有李白了。

这就是李白，永远是率性纯真的诗人气质。

即使是求人，也绝无半点委琐的私意、屈懦的鄙态。

他相信，自己的才华足以用世。而其用世之心，在于忠义奋发、以报君国。故求韩荐己，完全是出于公心；而想象韩如能荐己，同样是出于这公心。两片公心的相识，两位贤士的相与，自然不必虚与委蛇。因此，这封信写得光明磊落。因其性情坦荡，这封原本是世俗交际的文字，却如他的诗一样，汪洋恣肆。

然而，他虽然为这封信暗自得意，结果却仍是失落。那日，韩朝宗宴请当地士绅，在满座宾朋的惊讶目光下，李白昂首阔步地走到韩朝宗面前，没有跪拜，只是拱手作揖，将书信呈了上去。在他看来，这是平交王侯的气度；在旁人看来，这实在大为不敬。毕竟，他只是一介布衣。

韩朝宗接过信看了看，本就对李白的傲慢心有不满，此时更觉他狂傲轻浮。尽管，李白被请入座，但是那日，韩朝宗再未理睬他。盛宴散场，韩朝宗径直而去。

直到最后，李白还在纳闷，那样文采斐然的书信，为何换不来一次举荐。他总想着出仕，但其实，政治上需要的进退趋避，官场上需要的韬光养晦，他似乎都不懂，至少是不屑为之。

性格决定人生。李白的性格，显然不适合混迹官场。

他太天真，甚至可以说，只适合做个诗人。

可以飘若浮云，可以矫若游龙。总之，身在江湖，飘然自在。

但他，不愿如此。对于理想，他矢志不移，哪怕逆水而行。

此番拜谒韩朝宗，对李白的打击很大。于是，其后的许多日子，他就在襄阳城里，四处浪游，沽酒买醉。襄阳位于湖北省西北部，汉江中游平原腹地，是楚文化、汉文化、三国文化的主要发源地，已有近三千年建制历史。

襄阳因地处襄水之阳而得名，汉水穿城而过，分出南北两岸的襄阳、樊城隔江相望。两城历史上都是军事与商业重镇。历代为经济军事要地。素有"华夏第一城池"、"铁打的襄阳"、"兵家必争之地"之称。三顾茅庐、隆中对等故事就发生在这里。

带着浓浓的醉意，李白写了首《襄阳歌》。

狂饮之后，将自己交给了远方，又重重地跌回现实。

落日欲没岘山西，倒著接䍦花下迷。
襄阳小儿齐拍手，拦街争唱白铜鞮。
旁人借问笑何事，笑杀山公醉似泥。
鸬鹚杓，鹦鹉杯。
百年三万六千日，一日须倾三百杯。
遥看汉水鸭头绿，恰似葡萄初酦醅。
此江若变作春酒，垒曲便筑糟丘台。
千金骏马换小妾，醉坐雕鞍歌落梅。
车旁侧挂一壶酒，凤笙龙管行相催。
咸阳市中叹黄犬，何如月下倾金罍？
君不见晋朝羊公一片石，龟头剥落生莓苔。

泪亦不能为之堕，心亦不能为之哀。
清风朗月不用一钱买，玉山自倒非人推。
舒州杓，力士铛，李白与尔同死生。
襄王云雨今安在？江水东流猿夜声。

李白是无酒不欢的。然而，有酒也往往是借酒浇愁。

酒这东西，欢喜时饮之，是人间天上我自遨游；

悲伤时饮之，便是酒入愁肠化作泪。

尽管如此，世事多蹇，跃入酒杯，与酒杯外的世界面对面，也算是自我安置。那日的李白，如许多日子，喝得酩酊大醉。他说，自己如西晋名士山简一样，日暮归来，烂醉如泥，被儿童拦住拍手唱歌，引起满街的喧笑，却毫不在意。山简镇守襄阳时，喜欢去习家花园喝酒，常常大醉骑马而回。当时的歌谣说他："日暮倒载归，酩酊无所知。复能骑骏马，倒着白接篱。"

酒兴正浓，他以醉汉的心理和眼光看周围世界，实际上是以诗意的眼光瞻望红尘。于是，就仿佛，醉的不是他自己，而是山水云月，而是世间众生。

他说，纵酒行乐，连王侯都莫能相比。西晋名将羊祜镇守襄阳时，常游岘山，把酒临风，自得其乐。他曾对人说："由来贤达胜士登此远望，如我与卿者多矣，皆湮没无闻，使人悲伤。"羊祜死后，襄阳人在岘山立碑纪念。见碑之人无不落泪，名为"堕泪碑"。

四百多年后，石碑已然剥落，岁月满是尘埃。

只剩一个寥落的身影，在寻常巷陌，举杯醉卧花间。

他是李白。千古的风流，在他酒杯里从未黯淡。

七百多年后，在桃花坞，唐伯虎醉眼看世界，他说："酒醒只在花前坐，酒醉还来花下眠；半醒半醉日复日，花落花开年复年。但愿老死花酒间，不愿鞠躬车马前。"此时，李白也是同样的醉意十足。他在一座叫襄阳的城市里，把酒问天，将功名富贵视作浮云。但是，仔细看去，他的酒杯里，除了长醉，还有浓愁。他只是，以烂醉狂放的模样，掩盖自己的悲愤和苦闷罢了。

真实的生活，在酒醒之后仍是一望无际的荒凉。

花前纵酒，月下醉眠，烟火人间并不会退避三舍。

不知不觉，李白已是囊中羞涩。忆起从前任侠仗义的日子，他颇觉得人生如梦。但他并不后悔，仗义疏财是他的性格，快意潇洒是他的人生。当然，此时的他，总要想办法应付拮据的处境。

襄阳县尉李皓是李白的堂兄，李白前往求助。他在赠给李皓的诗中写道："归来无产业，生事如转蓬。一朝乌裘敝，百镒黄金空。弹剑徒激昂，出门悲路穷。"他说，人生如飞蓬，漂泊无依，漫游求荐无果，如今已到山穷水尽之地。李皓见他处境的确艰难，资助了他。

不久，李白离开襄阳，到了江夏。在那里，他遇到了被贬官的宋之悌。宋之悌是初唐诗人宋之问的弟弟，此时由河东节度使被贬到了朱鸢，即安南都督府交趾郡，在今越南境内。李白与宋之悌很是投合，在江夏同游数日，临别时，写诗相赠，即《江夏别宋之悌》。

楚水清若空，遥将碧海通。
人分千里外，兴在一杯中。
谷鸟吟晴日，江猿啸晚风。
平生不下泪，于此泣无穷。

多年以后，李白身陷囹圄，为了救他出狱，宋之悌之子宋若思可谓尽心尽力。要知道，李白所犯的是重罪，很多人唯恐避之不及，宋若思能够施以援手，可见其父与李白交情非浅。

现在，在江夏，李白为宋之悌送别。原本，很少有悲戚模样。但是这次，宋之悌要去的是朱鸢，可谓天涯海角，他无法不难过。

共饮一杯酒，从此分隔天涯，各有各的人生无常。

尘世间，有些人兜兜转转，还会回来重温旧梦；

而有些人，一去，便只剩关山无限。

萍踪无定

活在人间，每个人都应如清流。

从容飘荡，自在而深情。有风掠过，有舟来往。

除了伴鱼畅游，还要随小舟漫流。

倘若，不是携壮志踽踽而行，他大抵可以将自己安放于山间水湄，闲来煮酒，醉可问天；有风月，有诗酒，或许还有三五知己；可以放浪于云山，可以荡舟于江海。那何尝不是悠然快意的日子。

但若是那样，他也就不是李白了。

生命之中，有清风在手，有壮志在心；有飘然若云，有不动如山。

这才是李白。纵情于林山诗酒，是他，但不完整。

送走宋之悌之后，李白又在江夏停留多日。期间，他邂逅张祖。张祖时任监丞，押运船粮路过江夏。他对李白十分仰慕，因此此番相遇十分高兴。那些日子，他们悠游巷陌，饮酒倾谈，很是快意。

但是，张祖公务在身，将前往东都洛阳，他们共醉同游的日子，终

以离别结束了。临别,李白写了《暮春江夏送张祖监丞之东都》,还写了篇序,其中写道:

> 误学书剑,薄游人间。紫微九重,碧山万里。有才无命,甘于后时。刘表不用于祢衡,暂来江夏;贺循喜逢于张翰,且乐船中……
> 谈玄赋诗,连兴数月,醉尽花柳,赏穷江山。王命有程,告以行迈,烟景晚色,惨为愁容。系飞帆于半天,泛渌水于遥海。欲去不忍,更开芳樽。乐虽寰中,趣逸天半。平生酣畅,未若此筵。

同游的日子,把酒弹琴,谈玄赋诗,畅快淋漓。

正因如此,离别总是伤神。相聚时若无欢乐,离别也就无须凄楚。

尽管写的是离别,李白还是忍不住感慨一番。就像他说的,有才无命,甘于后时。才情卓绝的他,始终叩不开天子宫阙的门,只能落于人后。然后,他又想起了不久前冷落他的韩朝宗,觉得他气量狭小,就像三国时弃祢衡不用的荆州太守刘表。李白以祢衡自比,透露了对韩朝宗的失望,也彰显了自己狂傲不羁的性情。

这年夏天,应元演之邀,李白北游太原。让李白欣慰的是,人生虽不如意,却有不少靠得住的朋友,可以畅游山水,可以把酒言诗。都是坦荡的性情中人,相与往来,总是无比痛快。

在太原,与元演重逢,必然是把酒花前、泛舟湖上的画面。彼时,元演的父亲为太原府尹,负责北方的边防,李白去太原,虽是赴好友之约,却也有寻求荐引的愿望。但是最终,他的愿望落空了,便只好与元演纵情山风水月。

那段日子,李白结识了一位叫郭季鹰的朋友,并且有诗相赠。

河东郭有道，于世若浮云。
盛德无我位，清光独映君。
耻将鸡并食，长与凤为群。
一击九千仞，相期凌紫氛。

郭有道，又名郭泰，东汉时期名士，与许劭并称"许郭"。李白盛赞朋友之高洁，称其如郭有道，飘若浮云，与世无争，不屑于肖小之辈为伍，只结交志趣高雅之士。有朝一日，他必将奋羽高飞九千仞，在紫氛氤氲的太空遨游。

这些话，是对朋友的称赞，也是对自己的勉励。

许多次的挫败之后，他仍有鹏程万里之志。

他相信，那样的盛世，该是野无遗贤的。

秋天，李白与元演同游了雁门关。雁门关又名西陉关，位于山西省忻州市代县县城以北约二十公里处的雁门山中，是长城上的重要关隘，与宁武关、偏关合称为"外三关"。

这里，赵武灵王曾进行军事改革，胡服骑射，大败林胡、楼烦的入侵，建立了云中、雁门、代郡；后来，李牧奉命常驻雁门，大破匈奴十余万骑；秦始皇统一六国后，派遣大将蒙恬率兵三十万，从雁门出塞，收复河套地区，将匈奴赶到阴山以北；汉朝时，卫青、霍去病曾驰骋于雁门古塞内外，多次大败匈奴；而李广在做代郡、雁门、云中太守时，先后与匈奴交战数十次，被匈奴称为"飞将军"。

雁门关之称，始自唐初。因北方突厥崛起，屡有内犯，唐驻军于雁门山，于制高点铁裹门设关城，戍卒防守。《唐书·地理志》描述这里"东西山岩峭拔，中有路，盘旋崎岖，绝顶置关，谓立西陉关，亦曰雁门关。"

雁门关，漫天的黄沙里，依稀有金戈铁马的声响。

刀光剑影、鼓角铮鸣，在沉默的青史里，并不安分。

远处，胡琴与羌笛，还有冰冷的琵琶，依旧在呜咽着。

英雄早已作古，功勋归了尘土。岁月之前，站着无数叹息的人们。所谓功名，在当时可以借此傲视天下，多年后不过是一抹风烟。但人们，总是不舍得放下。总以为，功成名就，才算完满了人生。

作为读书人，追求功名，希望能以己之才安民济世，这无可厚非。只是，那条风雨凄凄的长路，他以纯粹傲然之性情面对别人的不屑与嘲讽，实在让人心疼。不过，倘若一路繁花，没有那些悲凉与愤懑，他恐怕未必那般狂放，笔下的诗也未必会那样气贯长虹。

立在雁门关上，遥望和叹息，止于沉默。

虽是携友游赏，李白还是感慨万千。

其后，李白与元演登临了北岳恒山。恒山位于山西浑源县城南十公里处。山势陡峭，沟谷深邃。深山藏宝，著名的悬空寺便隐匿其中。相传四千年前舜帝巡狩至此，因见其山势雄伟，遂封为北岳。秦时"奉天下名山十二"，泰山之次便是恒山。

恒山古庙依山而立，庙外山峦重叠，远眺如淡墨轻染，近似浓彩洒。庙区殿宇耸峙，回廊曲折，鼓声、磬声不绝于耳，青苔爬满陡阶，花草轻拂着栏杆。悬空寺高接云天，朝山香客络绎不绝，寺下流水潺潺。面对此情此景，李白不禁有飘然凌云之感，于是在石壁上题写了"壮观"二字。

后来，当地州官将"壮观"二字复制成碑，并在悬空寺对面山崖建太白祠，将碑立于祠内，作为对诗仙的缅怀。不过，李白恒山书"壮观"碑虽传为佳话，但观其笔意似明人馆阁体，真实性待考。

开元二十四年（736）春，李白告别元演，重到洛阳。

从开元二十二年开始，唐玄宗连续三年住在洛阳，唐朝的政治中心也从长安移到了洛阳。唐玄宗不仅在这里处理政务，还有不少重要举措。比如，他在洛阳亲耕籍田，大赦天下；比如，命京师五品以上官员及地方官吏向朝廷举荐英才。

李白到洛阳，仍怀着待时而上的愿望。

然而，九重城阙是王公大臣来去的地方。他仍在外面。

幸好，还有酒，还有诗。还有孤清的自己。

天津三月时，千门桃与李。朝为断肠花，暮逐东流水。
前水复后水，古今相续流。新人非旧人，年年桥上游。
鸡鸣海色动，谒帝罗公侯。月落西上阳，余辉半城楼。
衣冠照云日，朝下散皇州。鞍马如飞龙，黄金络马头。
行人皆辟易，志气横嵩丘。入门上高堂，列鼎错珍羞。
香风引赵舞，清管随齐讴。七十紫鸳鸯，双双戏庭幽。
行乐争昼夜，自言度千秋。功成身不退，自古多愆尤。
黄犬空叹息，绿珠成衅雠。何如鸱夷子，散发棹扁舟。

那日，他站在天津桥上，看桃花夹岸。关于花谢花开，关于人生起落，他想了很久。于是，有了这首《古风》。他说，花开得再好，也总会在落花时节随水而去。人亦如花，有显赫之时，便有萧索之日。他说，功成身不退，自古多愆尤。不如像范蠡那样，功成之后，抛却繁华，泛舟五湖。

对于人世浮沉，他有很深的体认。

可惜，他设定的从庙堂到江湖的路线，却无从体验。

功名尚未取得，已在谈论身退，不免引人讥嘲。

但他，不在乎。他是个简单的人，话在心里，不吐不快。

不久后，元丹丘自峨眉山访道归来，在洛阳遇到了李白。故友相见，不甚欢喜。失落的李白，总算得到了些许慰藉。同游数日后，他回到了安陆。

桃花岩，山水如旧，安谧如旧。诗人悄然归去。

一夕烟雨，洗净了风尘。

浮生若梦，为欢几何

柳宗元说：久为簪组束，幸此南夷谪；

陶渊明说：误落尘网中，一去三十年。

我们皆在尘网之中。繁华缭乱，名利牵绊，让人难以割舍。似乎总是这样，一边向往林泉，憧憬扁舟渔火，一边置身人海，不舍名利前程。

许多年前，柳宗元被贬，远离了庙堂尘嚣，晓耕翻露草，夜榜响溪石；陶渊明厌倦了官场，退居田园，采菊种豆，独享清欢。人生，既要寻找重量，也不能少了意趣；既要创造价值，也不能少了悠然。

桃花岩的生活，有山水为邻，有诗酒为乐。

更有温柔如水的妻子，琴书相和，对酌华年。

无疑，李白是幸福的。事实上，从小涉足道教的他，是喜欢隐逸之趣的。只不过，一想到身处盛世，自己却只能屈居林下，他总是不甘。

李白是高才放旷之人，他所求的，不是富贵豪奢，他说钟鼓馔玉何足贵，并非故作高洁，否则也不会一掷千金资助别人；也不是身在权力之巅，被万人仰视，他只是相信自己有安民济世之才，不愿意被埋没于盛世。

在桃花岩住了数月，分别未久的元丹丘又发来邀请，希望他前往嵩山相聚。原来，元丹丘的好友岑勋仰慕李白，千里寻访至嵩山，便让元丹丘书信相邀。

岑勋生平不详。李白在《送岑征君归鸣皋山》诗中称他是"相门子"，但史料上没有记载。李白的同代人岑参有"吾门三相"之说，或许是诗人有意附会以抬高他的身价。岑勋后来隐居鸣皋山，曾撰《多宝塔碑记》，颜真卿书之，会稽徐浩篆额，世称三绝。

> 黄鹤东南来，寄书写心曲。倚松开其缄，忆我肠断续。
> 不以千里遥，命驾来相招。中逢元丹丘，登岭宴碧宵。
> 对酒忽思我，长啸临清飙。寒余未相知，茫茫绿云垂。
> 俄然素书及，解此长渴饥。策马望山月，途穷造新畦。
> 喜兹一会面，若睹琼树枝。忆君我远来，我欢方速至。
> 开颜酌美酒，乐极忽成醉。我情既不浅，君意方亦深。
> 相知两相得，一顾轻千金。且向山客笑，与君论素心。

收到元丹丘的书信，李白立刻就起程了。知己相邀，盛情难却；何况，桃花岩的生活虽然轻描淡写，毕竟少了几分狂放肆意。这首《酬岑勋见寻就元丹丘对酒相待以诗见招》详细记述了此次嵩山相聚的始末。

不久，李白就在嵩山了。他与岑勋虽是初识，却如故友重逢。人与人之间，最难得的是性情投合。有的人日日相见仍如陌路，有的人乍见便如故交。那些日子，嵩山之上，酒杯里的醉意，月色下的清谈，将俗世纷扰、人间是非，抛得很远。就仿佛，整个世界，只有他们快意的身影。一首《将进酒》，足见当时豪兴：

君不见，黄河之水天上来，奔流到海不复回。
君不见，高堂明镜悲白发，朝如青丝暮成雪。
人生得意须尽欢，莫使金樽空对月。
天生我材必有用，千金散尽还复来。
烹羊宰牛且为乐，会须一饮三百杯。
岑夫子，丹丘生，将进酒，杯莫停。
与君歌一曲，请君为我倾耳听。
钟鼓馔玉不足贵，但愿长醉不复醒。
古来圣贤皆寂寞，惟有饮者留其名。
陈王昔时宴平乐，斗酒十千恣欢谑。
主人何为言少钱，径须沽取对君酌。
五花马，千金裘，呼儿将出换美酒，与尔同销万古愁。

如果人生注定是山重水复，我们该如何度过黯淡流年？

是沉默在角落里，独自憔悴，还是行走在山水间，放浪形骸；

是寂静在西风里，形单影只，还是沉醉在诗酒中，笑看红尘？

或许，根本没有答案。人生如谜，怎样经过都有缺憾。

有人醉卧沙场，有人徘徊月下；有人打马天涯，有人流连花间。选择什么样的人生，就要承受什么样的浮沉苦乐。不到终点，谁都不知道，人生的归途在何方。

人生得意须尽欢，莫使金樽空对月，这就是李白的态度。前尘往事，聚散离合，都可以放在酒杯里，沉淀出别样的心境和情怀。何止是得意之时，就算是示意悲伤之时，他也总是那样，举着酒杯在山水间，在月光下，恣肆地吟唱。

流光易逝，青春易老。从青丝到白发，只是刹那。不如，将憔悴的人生，借着月光饮下，一醉不醒。很显然，李白的豪放与不羁中，有清晰可见的悲愁。二十几岁辞亲远游，十几年后仍是布衣一介。遍干王侯，历抵卿相，终于未能如愿登上仕途，更别说以宰相的身份，安社稷、济苍生。

看上去，他有些醉生梦死，其实不过是一醉解千愁罢了。那日，以及许多日子，他的叹息落入酒杯，混杂着浓浓的诗情和酒香，成了放浪形骸，成了玩世不恭。最终，成了开元盛世的醉眼迷离。

于他，钟鼓馔玉、良田广厦，都不抵一朝沉醉。

五花马、千金裘，尽可换了美酒，让他在杯中忘却。

终于，他醉了，红尘还醒着。

对酒当歌的日子结束后，李白又回到了安陆。已是开元二十五年（737）春。其后这一年，他没有外出，在安陆闲居，赋诗沉淀，把酒清歌。某天，几位堂弟来到桃花岩，李白与之饮酒赋诗，写有《春夜宴从弟桃花园序》：

夫天地者，万物之逆旅也；光阴者，百代之过客也。

而浮生若梦，为欢几何？古人秉烛夜游，良有以也。况阳春召我以烟景，大块假我以文章。会桃花之芳园，序天伦之乐事。群季俊秀，皆为惠连；吾人咏歌，独惭康乐。幽赏未已，高谈转清。开琼筵以坐花，飞羽觞而醉月。不有佳咏，何伸雅怀？如诗不成，罚依金谷酒数。

春江水暖的日子，与几位堂弟行游于醉柳清烟的园中，谈笑风生，摆酒设宴，花香漫溢，清风徐来，席间各赋新诗，作不出诗来的要罚酒三斗，一时间笑声盈盈，确是人生乐事。

人们总说，将生活过成诗，却往往跳不出浮华。

清风明月、细雨斜风，始终在那里，却少有人过问。

诗意生活，未必在林下水湄，未必是寻梅踏雪。

一抹斜阳，一缕风香，你若留意，心中便有了诗意。如李白所言，人生若梦，为欢几何。我们真应该放下俗事，偷得片刻闲暇，去聆听，去寻访，去遇见真实的自己。

开元二十六年（738），李白再次离开安陆，前往各地漫游干谒。他先到襄阳，专程去鹿门山看望故友孟浩然，有过数日诗酒酬唱的生活，并且作诗《赠孟浩然》。孟浩然终生不仕，纵情于诗酒风月，极是洒脱。李白始终执着于功名。因此非常欣赏孟浩然的散淡。

吾爱孟夫子，风流天下闻。
红颜弃轩冕，白首卧松云。
醉月频中圣，迷花不事君。
高山安可仰，徒此揖清芬。

两年后，孟浩然染病，背上长了个大毒疮。王昌龄来看他，欢喜之余，两个人去吃海鲜，结果孟浩然疮发而逝。率性而生，率性而死，的确配得上风流二字。

离开襄阳后，李白至颖阳元丹丘山居，与故友把酒相欢多日。其后，他又去到陈州、宋城、南阳、下邳、淮阴、楚州，写有《送侯十一》《淮阴书怀寄王宋城》《经下邳圯桥怀张子房》等诗。

次年，李白重游扬州、苏州、杭州等地。干谒之事皆是有始无终。不过，可以确定的是，那些年李白漂泊四方，虽然总是落寞，诗名及其傲世性情，却可谓天下皆知了。

江南，烟雨无恙，扁舟悠然。他喜欢这云水间的日子。

一壶酒，盛得下春花秋月，也盛得下世事无常。

秋天，李白来到巴陵（今湖南岳阳），结识了王昌龄。王昌龄字少伯，河东晋阳（今山西太原）人，比李白年长三岁。盛唐著名边塞诗人，后人誉为"七绝圣手"。

王昌龄早年贫贱,困于农耕,年近不惑,始中进士。初任秘书省校书郎,又中博学宏辞,授汜水尉,因事贬岭南。开元末返长安,改授江宁丞。被谤谪龙标尉。安史乱起,为刺史闾丘所杀。

在巴陵,李白与王昌龄诗酒相与,极为畅快。

醉意朦胧的时候,一纸书信猝然而至。妻子许氏离世了。

告别王昌龄,李白星夜疾驰,返回了安陆。

他们,也曾对酌月下,也曾执手花前。尽管李白的诗里很少写夫妻日常,但在那个秀外慧中的女子身边,他定是幸福的。可是现在,碧落黄泉,再也寻不到她的身影。那段日子的李白,只剩悲伤。

让他感到欣慰的是,许夫人为他生了两个孩子,女儿叫平阳,儿子叫伯禽(小名明月奴)。西周时期的周公旦,其长子伯禽名字叫鲤,与"理""李"谐音,在古代,理、李通用,由于李白身世成谜,为儿子取名伯禽,可能是暗含李姓。

至于明月奴,首先,李白钟情明月,诗中多有此意象;其次,自魏晋南北朝以来,人们起名字尤其是小名,特别喜欢用"奴"字。南朝刘宋的开国皇帝刘裕,小时候寄养在南方,所以他的小名叫寄奴。因此,李白为儿子取名明月奴,算是昵称。

李白后来还有个儿子叫颇黎。在古代,颇黎是一种天然水晶石,据南朝沈约的《梁四公子记》载,刘宋文帝时,扶南国商人曾从西天竺国带来碧颇黎镜。据称"举国不识,无敢酬其价者",可见"颇黎"价格不菲。李白为儿子取名颇黎,大概是希望他如稀世珍宝"颇黎"那样卓尔不凡。当然,这些只是猜测。

将妻子安葬以后,李白决定离开安陆。

临行前，到妻子坟前，伫立许久，泪眼模糊。

旷达如苏轼，也曾在短松冈的明月之夜，独自断肠。

李白虽离开了安陆，但是妻子忌日，他定是悲不自胜。

要知道，他是个性情中人。性情中人大都深情。

第四卷：翰林待诏

生活，从来都是丰盈而沉默。

可以与之疏离，迷惘叹息；亦可以与之对酌，拈花自笑。

竹溪六逸

几番春秋，几番风雨。

新途成了旧路，憧憬成了过往。异地红尘在模糊中清晰。

人来人往，云卷云舒。岁月还在招摇。我们仍要与之对酌，相安无事。

开元二十八年（740）五月，李白带着平阳和伯禽离开安陆，前往东鲁安居。东鲁是指初唐时由鲁郡改置的兖州。兖州管辖瑕丘、金乡、鱼台、邹县、龚丘、曲阜、泗水、任城等县，治所在瑕丘，即今山东兖州。

四十岁的李白，仍在人生的路上求索。尽管多年漂沦，他从未以黯淡来定义人生。事实上，不惑之年的他，还有几分少年人的意气风发。这是极其难得的。这世上，许多人年岁渐老，便呈现暮色沉沉模样，可说是绚烂后的平淡，但那平庸缺少生气的样子，不免令人生厌。不过，也有少数人，即使发染秋霜，依旧神采奕奕，气冲霄汉。

安顿下来以后，李白动身前往裴旻处学剑。裴旻祖籍河东闻喜（今山西闻喜），曾镇守北平郡（治今河北卢龙），曾先后参与对奚人、契丹和吐蕃的战事，据记载官至"左金吾大将军"。其人剑术奇高，世称"剑圣"。

开元年间，裴旻母亲去世，想请吴道子在天宫寺作壁画超度亡魂。吴道子希望他舞剑以助画思。裴旻当即脱去孝服，持剑起舞，只见他走马如飞，左旋右抽，突然间，掷剑入云，高数十丈，若电光下射，落下后直入鞘中。当时，几千名围观者为之震惊。吴道子也被那精彩绝伦的剑舞感动，画思敏捷，若有神助，于是挥毫图壁，飒然风起，很快一幅"为天下之壮观"的壁画即已画就。

裴旻不仅剑术通神，箭术亦通神。他年轻时，曾为龙华军使，守北平，北平多虎，他曾一日毙虎三十一头，传闻一头神虎从天而降，裴旻搭弓射箭，弓折虎逝，裴旻从此不再射虎。

从小学剑，有任侠精神的李白，对裴旻仰慕多年，还曾写信表示"愿出将军门下"。他知道，裴旻就在山东。因此，将子女安置好以后，便只身前往学剑，想要亲眼目睹剑术名家的风采。

路上，在汶水之畔，李白遇到一位老翁，本来只是问路，没想到对答之间，老翁对李白前往学剑多有嘲讽之意。此事之后，李白写了首《五月东鲁行答汶上翁》，宣称自己要做鲁仲连式高风亮节的人物，不屑与庸常儒士为伍。不仅如此，他又作诗《嘲鲁儒》，满是嘲弄的语气。

鲁叟谈五经，白发死章句。问以经济策，茫如坠烟雾。
足著远游履，首戴方山巾。缓步从直道，未行先起尘。
秦家丞相府，不重褒衣人。君非叔孙通，与我本殊伦。
时事且未达，归耕汶水滨。

李白从小受儒家思想熏陶，后来虽涉身道家，但用世之心从未泯灭。他所嘲笑的，是那些行动迂阔、装腔作势，只会死读经书、不懂治国之策的迂腐儒生。他说，这些人不如回到汶水之畔种地为好。

这就是李白，既傲岸又天真。换作城府深沉之人，此事大抵会一笑置之。但是李白，不仅以诗作答，还专门写诗嘲弄。他有凌云之志，却无机巧之心，总是将心里的话和盘托出，以诗的方式。可谓孩子气，却又何尝不是灵魂澄澈。

至于寻裴旻学剑之事，李白后来并无文字记述。知道的是，东鲁的日子渐渐安定，妻子亡故的阴郁渐渐散去，李白时常行走于郊野，独赏鲁地风物民情。他曾楼前听雨，亦曾月下泛舟。

日落沙明天倒开，波摇石动水萦回。
轻舟泛月寻溪转，疑是山阴雪后来。

水作青龙盘石堤，桃花夹岸鲁门西。
若教月下乘舟去，何啻风流到剡溪。

夕阳西下，暮色渐沉。
天光水色之间，一叶扁舟，满载悠然。
一壶酒，三分月色，他是清风为客的诗人。
据《世说新语·任诞》记载：东晋人王徽之（即王子猷，王羲之第五子）家住山阴，一夜大雪，四望一片洁白，忽忆好友戴逵家在剡溪，就乘船去访问。经过一夜的时间，才到达戴的门前，却不入门而回。人家问他为何如此，他说："乘兴而来，兴尽而返，何必见戴？"

此中潇洒，非常人可及。

李白泛舟月下，亦是悠闲自得。一人，一月，一舟，一阕红尘。

他说，此中兴致，非王子猷雪夜访戴所能比拟。

当然，泛舟归来，李白仍要为自己的宏图大志而奋斗。可惜，他在东鲁四处周游，干谒求荐，都以失落收场。习惯了冷遇，还是忍不住感慨。

鲁国一杯水，难容横海鳞。仲尼且不敬，况乃寻常人。
白玉换斗粟，黄金买尺薪。闭门木叶下，始觉秋非春。

贤达如孔子，尚且不得器重，何况是我辈寻常之人。

写此诗的时候，他闭门简居，将秋天关在了门外。

偶尔走出去，又是旷达风流模样。

兰陵美酒郁金香，玉碗盛来琥珀光。
但使主人能醉客，不知何处是他乡。

其实，不过是寻常巷陌，寻常的杯酒之乐。但在李白笔下，此中乐趣，大有王翰"醉卧沙场君莫笑，古来征战几人回"的气韵。于他，几杯清酒，抵得上千古风流。

某日，一名小吏因仰慕李白，带了两条鱼、一斗酒前来拜访。李白立即让店家烹煎出来，便开始与小吏对酌欢歌。尽兴之后，提笔留诗以赠，然后策马而去。说不尽的潇洒。

都知道，李白是平交权贵的。即使面对王公大臣，也不愿摧眉折腰。事实上，对于寻常百姓，贩夫走卒，他也是真诚相交，从无鄙夷之心。但凡性情相投，便能同游共饮。

有的人，见上阿谀奉承，见下便颐指气使。

而李白，无论对谁，都是同样的姿态，不卑亦不亢。

这是他骨子里的高贵。

所谓高贵，不是位尊权重，不是温文尔雅。看似华贵风雅之人，倘若尊上凌下，灵魂终究是卑微的。相反，看似低微的人，若能平视众生，灵魂便是高贵的，自可俯仰无愧。

这年冬天，李白结识了韩准、裴政、孔巢父。三人皆是孤傲不群之士，隐于徂徕山。应召出山拜谒太守，没有丝毫收敛，一副疏狂模样。结果，太守不乐，他们只好回山继续隐居。李白在东鲁与他们相遇，十分欣赏他们不羁的性情，他们对李白早有耳闻，对其才情也颇为仰慕。几日同游后，三人即将起身回山，李白为他们设宴践行，并作诗相赠。

猎客张兔置，不能挂龙虎。所以青云人，高歌在岩户。
韩生信英彦，裴子含清真。孔侯复秀出，俱与云霞亲。
峻节凌远松，同衾卧盘石。斧冰嗽寒泉，三子同二屐。
时时或乘兴，往往云无心。出山揖牧伯，长啸轻衣簪。
昨宵梦里还，云弄竹溪月。今晨鲁东门，帐饮与君别。
雪崖滑去马，萝径迷归人。相思若烟草，历乱无冬春。

李白此时的处境和以前并无多大差异，干谒处处碰壁，入仕杳渺无期。所以，送走韩准等人之后，他思虑良久，决定入山，过一段林泉生活。当然，他并非彻底的归隐，仍是待时而出。

徂徕山林壑幽美，山明水净，是隐居的绝佳之地。除了韩准等三人，此间隐居的名士还有两位，分别是张叔明、陶沔。李白入山以后，与他们住在竹溪之畔。都是性情旷逸之人，日子过得极是写意。人们称他们为"竹溪六逸"。

王羲之在《兰亭序》里写道:"茂林修竹,又有清流激湍,映带左右,引以为流觞曲水,列坐其次。虽无丝竹管弦之盛,一觞一咏,亦足以畅叙幽情。是日也,天朗气清,惠风和畅。仰观宇宙之大,俯察品类之盛,所以游目骋怀,足以极视听之娱,信可乐也。"

那时候,三月初三,王羲之、谢安、孙绰等几十人在浙江会稽山阴的兰亭雅集,临流赋诗,各抒怀抱,风雅至极。更早的时候,三国魏正始年间,嵇康、阮籍、山涛、向秀、刘伶、王戎及阮咸七人,常年隐于竹林,饮酒纵歌,吟诗作赋,肆意酣畅,世称"竹林七贤"。

他们放浪形骸,不屑入朝为官,虽然最终各散西东,而且,嵇康被杀害,阮籍佯狂避世,但那些长歌狂饮、飘洒如风的日子,无疑是中国文化史上极其动人的情节。因为这些人,我们知道了什么叫风流,什么叫风骨。

几百年后的徂徕山,李白等六人,李白、韩准、裴政、孔巢父、张叔明、陶沔这六个人,也为这里的明山净水赋予了文化的意义,以诗性和酒兴,以坦荡清冽的性情。

这里,有竹影风声,有清流冷涧,就是没有俗心。

言欢把酒,抚琴赋诗,总有无边的情致。

醉便是宠辱偕忘,醒便是去留无意。

日子,原来可以这样。

长啸万里清风来

芦花被下,卧雪眠云,保全得一窝夜气;

竹叶杯中，吟风弄月，躲离了万丈红尘。

此语出自《菜根谭》，画面迷人。许多人都神往于山间云下，想要远离喧嚷。然而，红尘俗世不是想远离便能远离的。往往是，泅渡不得，也逃离不了，毕竟人们大都负重而行。于是，行走人间，日复一日，被岁月雕刻或欺凌，还要与之握手言和。

只有少数人，远离尘嚣，遗世独立。

在孤独中狂欢，在偏安中静默。

那样的日子，李白是过得来的。他有笔，描山画水；他有情义，卧雪眠云。吟几杯陈年的或新醅的酒，便能于醉与醒之间，忘却千古人间。只是，他总是想着，先成就功业，再隐退江湖。因此，一去多年，无数次落寞。他也曾憔悴，但绝不是瘦骨嶙峋模样。他是书生，亦是剑客，不文弱，不怯懦。

隐居的日子是快活的。不过，李白还是经常外出漫游，寻仙访道。他曾应裴仲堪之邀，前往寻找海上仙山，先至滨海的莱州，后至登州的蓬莱。当然，仙境不曾寻得，只有让自己飞升到飘渺的诗行里，然后带着几分失落，结束寻仙之旅。

一鹤东飞过沧海，放心散漫知何在。
仙人浩歌望我来，应攀玉树长相待。
尧舜之事不足惊，自馀嚣嚣直可轻。
巨鳌莫戴三山去，我欲蓬莱顶上行。

开元二十九年（741），是开元年号的最后一年。

大唐盛世开始渐渐走向衰败。曾经励精图治缔造盛世的唐玄宗，如今沉迷声色，疏于政事。他的身边，有了一个叫杨玉环的女子，佳人妩媚多姿，君王长醉不醒。

杨玉环生于开元七年（719），宦门世家，高祖父杨汪是隋朝的上柱国、吏部尚书，唐初被李世民所杀；父杨玄琰，曾担任过蜀州司户；叔父杨玄珪曾任河南府士曹，杨玉环的童年是在蜀州度过的。

开元十七年，父亲去世，杨玉环被寄养在叔父杨玄珪家。她天生丽质，聪颖灵慧，加上优越的教育环境，琴棋书画无所不精，具备不俗的文化修养。她擅歌舞，善弹琵琶。

开元二十二年七月，唐玄宗的女儿咸宜公主在洛阳举行婚礼，杨玉环有幸参加。十六岁的她，身姿窈窕，面似桃花，眉眼如画。咸宜公主之胞弟寿王李瑁对她一见钟情，唐玄宗在李瑁的母亲武惠妃的要求下，当年就下诏册立她为寿王妃。寿王府里，也曾因她而春意无限。

开元二十五年（737），武惠妃去世，玄宗郁郁寡欢，后宫佳丽无有中意者。有人进言杨玉环"姿质天挺，宜充掖廷"，玄宗亦记得，杨玉环姿容绝佳，可谓倾世红颜。

于是，开元二十八年十月，玄宗以为已故母亲窦太后追福的名义，敕书杨玉环出家为女道士，道号太真。开元二十九年，骊山温泉便有了玄宗与杨玉环肆意的欢笑。这年，唐玄宗五十七岁，杨玉环二十三岁。

从骊山回来后，玄宗干脆让杨玉环脱去道袍，住进了宫里，承宠终日。宫里人称杨玉环为"娘子"。后来，玄宗亲谱《霓裳羽衣曲》，召见杨玉环时，令乐工奏此新乐，赐杨氏以金钗钿合，并亲自插在杨氏鬓发上。玄宗对宫人说："朕得杨贵妃，如得至宝也"。足见宠幸之隆。

佳丽三千，独宠其人；承欢侍宴，日夜无休。

许多日子，君王不上早朝，芙蓉帐里春宵苦短。

王朝的鼎盛，就在美人石榴裙的映衬下，渐渐失去了光彩。

夜半无人，他们深情许诺：人间天上，永不离分。

在东鲁，李白还在为自己的理想寻觅着。他始终相信，那是个好的年代，君王清正，世事安详。他不知道，大明宫的清晨，文武大臣常有叹息；他不知道，华清宫千重门依次打开，一骑千里而来，将南方的荔枝运到这里，只为博美人欢心一笑；他不知道，所谓的盛世，已有暗潮涌动。

在赠给裴仲堪的诗中，李白这样写道：

远海动风色，吹愁落天涯。南星变大火，热气余丹霞。
光景不可回，六龙转天车。荆人泣美玉，鲁叟悲匏瓜。
功业若梦里，抚琴发长嗟。裴生信英迈，屈起多才华。
历抵海岱豪，结交鲁朱家。复携两少妾，艳色惊荷葩。
双歌入青云，但惜白日斜。穷溟出宝贝，大泽饶龙蛇。
明主傥见收，烟霄路非赊。时命若不会，归应炼丹砂。

感叹着人生苦短，却仍未失去信心。

抚琴嗟叹，仍想着身入庙堂，青云直上。

天宝元年（742）四月，李白登临泰山，写了《游泰山六首》。

泰山又名岱山、岱宗、岱岳等，绵亘于泰安、济南、淄博三市之间，气势雄伟磅礴，有"五岳之首"、"五岳之长"、"天下第一山"之称。泰山被古人视为"直通帝座"的天堂，成为百姓崇拜、帝王告祭的神山，有"泰山安，四海皆安"的说法。自秦始皇开始到清代，先后有十三代帝王引次亲登泰山封禅或祭祀，另外有二十四代帝王遣官祭祀七十二次。

开元十三年（725）十月，唐玄宗率百官、贵戚及外邦客使，东至泰山封禅，封泰山神为"天齐王"，礼秩加三公一等，玄宗亲自撰书《纪泰山铭》，勒于岱顶大观峰。

李白是沿着玄宗封禅时的御道上山的。登临后，浮思万千，既想平生之羁绊，又想仙境之自在；既想生命之短暂，又想世事之无常。思绪驰骋之后，写了六首诗，极尽飘逸神妙。下面是其中两首：

四月上泰山，石平御道开。六龙过万壑，涧谷随萦回。
马迹绕碧峰，于今满青苔。飞流洒绝巘，水急松声哀。
北眺崿嶂奇，倾崖向东摧。洞门闭石扇，地底兴云雷。
登高望蓬流，想象金银台。天门一长啸，万里清风来。
玉女四五人，飘飖下九垓。含笑引素手，遗我流霞杯。
稽首再拜之，自愧非仙才。旷然小宇宙，弃世何悠哉。

平明登日观，举手开云关。精神四飞扬，如出天地间。
黄河从西来，窈窕入远山。凭崖览八极，目尽长空闲。
偶然值青童，绿发双云鬟。笑我晚学仙，蹉跎凋朱颜。
踌躇忽不见，浩荡难追攀。

李白这六首登泰山诗，每首都是一重耐人寻味的审美境界。

在他的笔下，泰山是一座雄浑壮丽的自然之山，一座奇异可感的神妙之山。可以说，泰山是寄寓着他人生理想、人格向往的情感之山和心灵之山。

读这六首诗，可见逸态凌云、吐纳天地精华的诗仙屹立于泰山极巅的傲岸形象跃然纸上。一千多年后，李白"天门一长啸，万里清风来"已成泰山绝顶的一大人文景观。人们知道，大唐盛世，抱琴佩剑登临绝顶的李白，曾经长啸于此，几无烟火气息。

《游泰山六首》在李白全部诗作中占有重要位置，当可与《蜀道难》

《将进酒》等名篇相媲美。这些诗以游仙体来写山水诗，形成了完美而独特的诗歌创作范式。

自《诗经》以后的中国诗歌创作逐渐形成两脉各显神彩的文学传统，一是自楚辞演进而来的表现游仙内容的诗歌，一是魏晋南北朝以来的山水诗歌。前者描绘出仙人和仙境的美好的艺术境界，多以寄托作者或政治理想难酬或愤世嫉俗的隐逸情怀；后者则以自然山水以及附丽于山水的自然现象和人文景观作为描写对象，抒发诗人的喜怒哀乐、愁闷悲慨等各种情怀。

自刘宋谢灵运山水诗起，将游仙内容与山水诗相结合，偶有所见，但未为大观。而李白则集游仙与山水二体之长为一体，在《游泰山六首》中形成一种新的构思风格。诗中既用雄健粗放的线条和鲜明的色彩勾勒了泰山壮丽开阔的艺术画面，又将游仙诗中常用的人物、事典、语汇，结合泰山神话传说，重新演绎描绘出仙人与仙境的新鲜的艺术形象，构思出诗人与仙人交往的生动故事情节。

李白在诗中表现出的或自由舒放、或惊异迷惘、或无奈失望等复杂的情愫则融化进实景幻景线脉的绞结之中，起起伏伏释放于虚实真幻之间，不仅多层面地展示了诗人的内心世界，而且使读者不由自主地谐振着诗人情感的律动，唤起山水境界中类似的审美心理，并引发对世事人生的无穷品味。

诗是极美的，但那纵横吟啸的诗人，并非只有飘逸。仙阙琼台虽好，毕竟只是幻想。真实的世界，他还在漂泊。他在诗中写道：跱躇忽不见，浩荡难追攀。

那是他矢志不移却又难得安放的理想。

愿为辅弼，安济天下，他的热情从未泯灭，却一直流落江湖。

愤懑于心，便只能寄情自然，饮酒放歌，醉眠风月。

以狂放飘然姿态，遣怀去闷。

我辈岂是蓬蒿人

陌上行走，最重要的是心境。

若身处喧嚷，便独饮清欢；若人在天涯，便守心自暖。

世间固然风景无限，但最美的风景，该是心中的淡定与从容。

于心底，修篱种菊，听雨负暄，处处皆是归隐之所。

现在，李白仍在徂徕山隐居。自出蜀以来，十八载光阴倏然而逝，事无所就，可谓半生侘傺。不过，就如人们所言，越是困顿之日，越是修心之时。多年的漂泊后，李白早已明白，世事多艰，只能从容以待。尽管已经四十二岁，他仍相信有峰回路转之时。

天宝元年正月，唐玄宗颁行诏书："前资官及白身人有儒学博通、文辞秀逸及军谋武艺者，所在具以名荐。"也就是说，不管是白丁还是已去职官员，只要精通儒学，或者精通文章、通晓军事武艺，但有所长，各级官员皆可以将其推荐给朝廷。无疑，这对于李白是一次难得的机会。

当然，李白需要一个人将他推荐给朝廷，此人绝不能是泛泛之辈。很快，这个人就出现了，她就是武则天的孙女、唐睿宗的女儿、唐玄宗的妹妹玉真公主。玉真公主年幼时，母亲窦德妃即遇害，那是宫廷斗争血雨腥风的时候，她在宫里过得战战兢兢。因此，十几岁时，他便开始慕仙学道，向往静修的生活。

成年以后，玉真公主更是笃信道教，二十几岁便出家为道士，法号无上真人，后来又赐法号为持盈法师。多年前曾盛赞李白仙风道骨的司马承祯，与玉真公主有师徒名分。后来，玉真公主又结识了李白的至交好友元丹丘，并且交情匪浅。

天宝元年前后，玉真公主曾奔赴河北谯郡真源宫参加道教活动，并有碑记。后来长安宏道观道士蔡玮撰文详尽记载了此事，唐玄宗亲自给这块碑记撰写碑额。由碑记的落款得知，这块碑由元丹丘负责修建，可见元丹丘与玉真公主的关系非同寻常。也许，元丹丘直接跟随公主参加了此次活动，向公主推荐了李白，并将李白多年前撰写的《玉真公主词》呈给了公主。

玉真之仙人，时往太华峰。
清晨鸣天鼓，飙欻腾双龙。
弄电不辍手，行云本无踪。
几时入少室，王母应相逢。

当年，李白初入长安，作了这首诗，想要借此被公主引荐。没想到，张垍嫉贤，从中阻挠，使得李白未能得见玉真公主，也未能献诗。其实，玉真公主能够推荐李白，首先是赏识其才华，其次是道友元丹丘之请不好拒绝。就算没有这首诗，想必她也是会推荐的。

在唐代，通过推荐进身仕途的方式很寻常。王维虽是通过科举入仕，但其科考之路也曾有过荐举的过程。王维精通音律，善于弹奏琵琶，游历于权贵之间，颇受岐王看重。在科考之前，王维希望能被举荐，请岐王帮忙。岐王让他准备十篇优秀诗作，一首幽怨的琵琶曲，去赴某公主的筵席。

筵席上，岐王的伶人前来演奏助兴，公主命王维奏曲，其曲声调哀切，满座动容。公主不禁称奇。王维又趁势献上所作诗文，竟是公主平日常读之诗。于是，王维被公主以贵宾之礼相待。那日的王维，风流俊雅，深得权贵赏识，公主更是如此。岐王趁机说了王维考进士的愿望，公主一口答应。后来，王维果然进士及第。这位公主就是玉真公主。

这件事情，唐代薛用弱的《集异记》和宋代辛文房的《唐才子传》皆有记载。虽是野史，但可以说明，在唐代，利用皇亲权贵请托科举、举荐的事情并不少见。

不管怎样，通过玉真公主的荐引，天宝元年（742）八月，唐玄宗下诏征召李白入京。想必，声名日盛的李白，唐玄宗也早有耳闻，或许也读过他的诗。只不过，玄宗召李白入京，主要是出于对他诗才的欣赏，并非想让他成为朝廷栋梁。而这，却是李白的志向。他要做辅弼之臣，成就千秋功业。

听闻被召入京的消息，李白喜不自胜。他立即辞别山中诸友，回到鲁中。与子女简单告别，便起程进京了。临行前，写了首诗，颇有些得意。

白酒新熟山中归，黄鸡啄黍秋正肥。
呼童烹鸡酌白酒，儿女嬉笑牵人衣。
高歌取醉欲自慰，起舞落日争光辉。
游说万乘苦不早，著鞭跨马涉远道。
会稽愚妇轻买臣，余亦辞家西入秦。
仰天大笑出门去，我辈岂是蓬蒿人。

白酒新熟，黄鸡啄黍。这是个丰盛的秋天。
属于大地，也属于四十二岁的李白。
临行前，他再次痛饮狂歌。甚至，酒酣兴浓，还起身舞剑，极是意气飞扬。他恨不得立即置身长安，向皇帝阐明自己的政治主张。然后，他想起了晚年得志的朱买臣。

据《汉书·朱买臣传》记载：朱买臣，会稽人，早年家贫，以卖柴为生，常常担柴走路时还读书。他的妻子嫌他贫贱，弃他而去。后来朱买臣得到汉武帝的赏识，做了会稽太守，相当于现在的绍兴市市长。李白自比朱买臣，以为此去长安，定能扶摇直上。

有趣的是，李白与朱买臣相似，也有过被女子嫌弃的经历。魏颢在《李翰林集序》里写道："白始娶于许，生一女一男，曰明月奴，女既嫁而卒。又合于刘，刘诀。次合于鲁一妇人。"

在许氏去世以后，李白曾与一刘姓女子交好。但是，李白虽才华纵逸，却时常浪迹四方，生活可谓窘迫。刘氏偏偏势利贪财，见李白穷酸，没过多久便与他分道扬镳了。这首诗里所讲的"会稽愚妇"，是朱买臣之妻，也是庸俗的刘氏。

至于魏颢所言的东鲁妇人，应该是个温婉明媚女子。

李白在东鲁曾写过一首《咏邻女东窗海石榴》：

鲁女东窗下，海榴世所稀。
珊瑚映绿水，未足比光辉。
清香随风发，落日好鸟归。
愿为东南枝，低举拂罗衣。
无由一攀折，引领望金扉。

茜纱窗下，石榴花乍开，鲁女聘婷如画。

兴许，他喜欢的，就是那个年华正好的女子。

他说，愿意成为东南向的石榴枝，去拂动鲁女的罗衣；或者，与那明媚女子一起，共同攀折石榴花枝。倘若这真是系情之作，那么，这痴情也算浓郁。但是，许多现实的原因阻止了他。他们不相识，甚至不曾有过只言片语的交谈。

于是，咫尺天涯。

就如诗经《郑风·东门之墠》所写：

东门之墠，茹藘在阪。其室则迩，其人甚远。
东门之栗，有践家室。岂不尔思？子不我即。

或许是这样，因为世俗礼法横亘中间，最初，李白与这位东鲁女子虽比邻而居，并且暗生情愫，却始终保持着距离。后来，渐渐熟络，虽无娶嫁之名，却有相欢之实。诗人多情，女子温婉。若是如此，倒也有几分云闲月淡的美丽。

现在，李白上路了。扬鞭策马，一路风尘。

出发前他说：仰天大笑出门去，我辈岂是蓬蒿人。

这话语，千余年后仍在回荡。他是带着豪情入京的。

以为，从此可以不再隐没于草野。

不久后，李白就在长安了。再次入京，繁华如旧。但他，已没了从前的茫然。一纸诏令，让他踌躇满志，以为从此，便可一路晴好。长安城，车马喧嚣依旧。在诗人的笔下，这座城市是这样：

皇灵帝气瑞弥空，片片祥云处处宫。
朗月寒星披汉瓦，疏风密雨裹唐风。
巍然城堡姿如旧，卓尔新区靓似虹。
胜水名山千载傍，匠师岂敌自然工。

但是，朝堂之上，口蜜腹剑的李林甫已在相位，他大权独握，蔽塞言路，排斥贤才，导致纲纪紊乱，后来还建议重用胡将，使得安禄山做大。大唐由盛转衰，固然是由于唐玄宗后期的骄奢淫逸，李林甫也是关键因素。

如今，大唐王朝的顶端，清正之气渐渐遗失。

倒是君王与贵妃的肆意欢笑，昼夜不息。

翰林待诏

长安，依旧行人络绎。

来的来，去的去，还是盛世的心情。

开元盛世，却在这脚步声里，渐渐关上了门。

等待着被召见，李白有些百无聊赖。这天，他独自来到道观紫极宫，没想到竟在那里遇到了贺知章。贺知章字季真，晚年自号"四明狂客"，越州永兴（今浙江杭州萧山区）人。少时以诗文知名。武则天证圣元年（695年）中乙未科状元，授予国子四门博士，迁太常博士。后历任礼部侍郎、秘书监、太子宾客等职。

贺知章为人旷达不羁，非常好酒，有"清谈风流"之誉，与张若虚、张旭、包融并称"吴中四士"。其诗文以绝句见长，写景、抒怀之作风格独特，清新潇洒，其中《咏柳》《回乡偶书》等脍炙人口，千古传诵。

与李白相遇的时候，贺知章已是八十四岁的老人，但精神矍铄，不失风雅。他不仅在诗坛久负盛名，而且在朝廷也是德高望重。天宝三年，贺知章上奏玄宗请求回乡，玄宗率百官为他赋诗送行。李白对他，仰慕已久。

当然，贺知章对李白诗名和不羁性情亦是早有耳闻。那日相遇，见李白风流俊雅，英姿勃发，又读了李白的长诗《蜀道难》，贺知章觉得李白气质非凡，有着超群脱俗的仙风道骨。赞叹之余，他称呼李白为谪仙人，也就是被贬下界的仙人。

两个人都是旷逸之人，虽是初见，却是相谈甚欢。黄昏时分，贺知章邀请李白去附近酒馆饮酒。两人喝得十分尽兴，却发现所带的钱不够，于是，贺知章解下佩带在身上的金龟，充作了酒资。李白曾写诗说："钟鼓馔玉不足贵，但愿长醉不愿醒。"活在人间，但求快意，他们皆是这样的性情，所以一见如故。

对于这次见面，几年后李白在《对酒忆贺监并序》中写道：太子宾客贺公，于长安紫极宫一见余，呼余为谪仙人，因解金龟换酒为乐。殁后对酒，怅然有怀，而作是诗。

四明有狂客，风流贺季真。
长安一相见，呼我谪仙人。
昔好杯中物，翻为松下尘。
金龟换酒处，却忆泪沾巾。

不久，玄宗就在金銮殿召见了李白。

等了十多年，他终于如愿走入了庙堂之门。

兴冲冲地，说风景这边独好。却不知，魏阙之内，已不是从前。

关于李白与玄宗的会面，李阳冰的《草堂集序》有较为详细的记载："天宝中，皇祖下诏，征就金马，降辇步迎，如见绮、皓。以七宝床赐食，御手调羹以饭之，谓曰：卿是布衣，名为朕知，非素蓄道义，何以及此？"

那日，李白到来时，玄宗下了步辇，亲自步行前来迎接，让他坐在七宝床上,并设宴款待。席间,玄宗还亲自为李白调制汤羹,对李白说:"你是一介布衣,我却听闻你的大名,若不是你诗名远播,品性高洁,怎会有今日之会面?"

从接待的规格来看,唐玄宗对李白是礼遇有加的。此后,李白进入了翰林院。对于玄宗的这番礼遇,李白感到非常满足和自得。偌大的长安城,他终于有了落脚之处,并且是皇宫内的翰林院。这座城市,终于不再只是别人的长安。

当时的心情,如后来李白诗中所写:

汉家天子驰驷马,赤军蜀道迎相如。
天门九重谒圣人,龙颜一解四海春。
彤庭左右呼万岁,拜贺明主收沉沦。
翰林秉笔回英眄,麟阁峥嵘谁可见?
承恩初入银台门,著书独在金銮殿。
龙驹雕镫白玉鞍,象床绮食黄金盘。
当时笑我微贱者,却来请谒为交欢。

他说,玄宗接待他,就如当年汉武帝接待司马相如那样,十分隆重,满朝皆贺。翰林院的生活亦是舒心惬意,大概就是:衣有华服锦缎,食为玉盘珍馐;住是牙床美屋,行则宝马良驹。于是,从前嘲笑他微贱的人们,都来示意讨好。

很显然,初入翰林院,李白的心情是极好的。不久后,他还随御驾前往骊山温泉宫,骏马飞驰,志得意满,就连王公大臣都对他多有奉承。结束了长久的郁郁不得志,此时的李白,算得上春风得意。

半个世纪后,四十六岁的孟郊进士及第,激动之余写诗云:"春风得意马蹄疾，一日看尽长安花"。此时的李白，也是这种心境。他在《驾去温泉后赠杨山人》中写道：

少年落魄楚汉间，风尘萧瑟多苦颜。
自言管葛竟谁许？长吁莫错还闭关。
一朝君王垂拂拭，剖心输丹雪胸臆，
忽蒙白日回景光，直上青云生羽翼，
幸陪鸾辇出鸿都，身骑飞龙天马驹。
王公大人借颜色，金璋紫绶来相趋。
当时结交何纷纷，片言道合惟有君。
待吾尽节报明主，然后相携卧白云。

得君王厚待，李白发誓尽力辅佐，以报君恩。

他希望，大展宏图后，退隐林下，醉卧松云。

以为，如他所愿，人生已入正途。

李阳冰《草堂集序》记载，李白经常出入金銮殿与翰林院，也曾草拟诏诰。范传正《唐左拾遗翰林学士李公新墓碑并序》载，李白起草过一篇《和番书》："草答蕃书，辩如悬河，笔不停缀。"

许多文献都记载，李白当时为翰林。不过，李白的身份，其实只是翰林待诏。真实的情况是，在朝廷，李白虽然得到了皇帝的礼遇和敬重，但并未得到政治重用。他所担任的翰林待诏，并非具有政治意义的翰林学士。这两个职位有着本质的区别。

通俗讲，李白入了皇宫，但皇帝给他的，不是谋划江山、起草诏书的天子之笔，而是一支粉饰太平、润色王业的词臣之笔。对于李白来讲，这支笔并不能画出他的壮丽人生。

翰林待诏，顾名思义，就是等待皇帝诏命，或吟诗作赋，或草拟文书，或陪侍出游。他们之中，有吟风弄月的文士，有饱读典籍的经学家，有算卦者、司棋者、论道者、念佛者、求仙者、书画者，三教九流，无所不有。

而翰林学士，入直内廷，批答表疏，应和文章，随时宣召撰拟文字，可谓皇帝心腹。翰林学士的权力很大，在当时扮演着重要的政治角色。他们从客观上分解了中书舍人的权力，也就是分解了宰相的权力。翰林学士又被称做天子私人，即是皇帝的私人政治秘书和政治顾问。到了唐代中期，翰林学士，经中书舍人，往往能升任宰相。

李白虽才华卓绝，志存高远，却只得了个翰林待诏的虚衔。

他带着政治理想入朝，但他的身份，只是个御用文人。

玄宗看重的，是他落笔惊风雨的才气。

事实上，玄宗时期的翰林学士，皆从朝廷官员中选出，没有人以布衣之身直接成为翰林学士。李白从草泽布衣进入翰林院，虽然符合他一鸣惊人的理想，却不符合翰林学士的选拔程序。终究，他是以文人身份进入翰林院的。唐玄宗厚待他，却没想过让他成为辅弼天下的政治家。

但是，此时的李白，还揣着凌云的梦想。

纵马长安，醉饮月下，几分快味中，分明还有自负。

某日，他再次随驾前往温泉宫，并献赋一篇，因文采斐然，皇帝赐给他锦袍一件。归来后遇见朋友，得意之余，对朋友许诺，待有机会定向皇上举荐，也让他青云直上，并写诗《温泉侍从归逢故人》，记录了心中狂喜。

汉帝长杨苑，夸胡羽猎归。
子云叨侍从，献赋有光辉。

激赏摇天笔,承恩赐御衣。
逢君奏明主,他日共翻飞。

可以看出,初入长安,李白的确时常在帝王身边。并且如他诗中所写:归来入咸阳,谈笑皆王公。这样的生活,他很得意。甚至,他想过,凭借自己的才华和声誉,终有一日能够进入凌烟阁。

贞观十七年二月,唐太宗为表彰众位功臣,命阎立本在凌烟阁内描绘了二十四位功臣的图像,皆真人大小,褚遂良题字,时常前往怀旧。后又有四位皇帝在凌烟阁表彰功臣。

后来,李白写诗说:君王赐颜色,声价凌烟虹。

他以为,可以凭借自己的才智,建立千古不朽之功业。

但这,只是他的一厢情愿。就像人们说的,理想丰满,现实骨感。

待到热情冷却,长安的月色将会很冷。

天子呼来不上船

人生如戏,迷雾丛生。

戏里,灯火明艳,当局者迷,舍不得离场;

戏外,西风萧瑟,旁观者清,上不了舞台。

注定是一场以沉寂结尾的戏,但我们喜欢沉醉其中。曲折的起承转合,优雅的唱念做打,还有灯火下扑朔的身影,将人生铺排得十分华丽。然而,总有人冷眼旁观,从那些华丽的情节里,拾起落花和叹息。

春天了。是天宝二年(743)的春天。

在那场叫做长安的梦里,李白醉眼迷离。偶尔随驾出游,偶尔即兴赋诗，他都兴致盎然。只是，文墨飘洒之际，人生却并未呈现直上青云的姿态。他的命运，其实早已注定。长安，他可以因为伴侍君王而被人羡慕，但无论如何，做不到指点江山。

在翰林院，李白是比较自由的。他总会趁着夜色，去到市井酒肆，独酌或者邀两三好友共饮，尽兴而归。那日，他喝得大醉，忽然皇帝派人来传召，让他前往赋诗。无奈叫他不醒，只好用冷水泼醒，扶上马送到了沉香亭。

开元年间，兴庆宫沉香亭畔栽种了不少名贵牡丹，花开时节，色彩缤纷，甚是绚丽。这个月夜，玄宗和杨玉环到沉香亭前赏花，李龟年手执檀板领着梨园班子准备助兴，玄宗忽然说："赏名花，对美人，岂能用陈旧乐词？"于是名人传召李白。被送到沉香亭，李白仍带着几分醉意。尽管如此，落笔成诗，转眼便是三首《清平调》：

云想衣裳花想容，春风拂槛露花浓。
若非群玉山头见，会向瑶台月下逢。

一枝红艳露凝香，云雨巫山枉断肠。
借问汉宫谁得似，可怜飞燕倚新妆。

名花倾国两相欢，长得君王带笑看。
解释春风无限恨，沉香亭北倚阑干。

他笔下的杨玉环，有牡丹的华贵，有云霓的飘逸，纵是能于掌中起舞的赵飞燕，也只有在新妆之后，方能勉强与之媲美。有如此红颜相伴，大唐天子自是欢颜不尽。

这样的诗，玄宗和杨玉环当然不乏盛赞。但是于李白，写多了不免感觉无味。在长安时日渐长，他慢慢看清了自己的处境。一支笔，本想描摹山河，但是现在，却只能粉饰太平，助君王与妃子欢愉之兴。

如今的唐玄宗，早已不是多年前站在开元盛世顶端那个意气风发的君王。声色犬马，歌舞升平，掩住了曾经的清风明月。长安城，甚至整个时代，已开始尘埃散漫。

开始的时候，李白的诗中，多有积极进取和盛赞王朝之意，比如，他在《金门答苏秀才》中写道："巨海纳百川，麟阁多才贤。献书入金阙，酌醴奉琼筵。屡忝白云唱，恭闻黄竹篇。恩光照拙薄，云汉希腾迁。"在《游宿温泉宫作》中写道："严更千户肃，清乐九天闻。日出瞻佳气，葱葱绕圣君。"

那时候，他带着入朝的骄傲，称赞皇帝英明，近臣文才武略。渐渐地，看出了皇帝耽于声色，疏于朝政，李白的诗中便有了无奈，有了暗含的讽喻。他写《宫中行乐词》，希望皇帝关心百姓悲喜；他写《阳春歌》，为皇帝沉迷声色而担忧；他写《乌啼曲》，以吴王夫差宠幸西施，日夜寻欢作乐，最终导致亡国的历史悲剧，希望皇帝以史为鉴，莫蹈前人之覆辙。

姑苏台上乌栖时，吴王宫里醉西施。
吴歌楚舞欢未毕，青山欲衔半边日。
银箭金壶漏水多，起看秋月坠江波。
东方渐高奈乐何！

然而，日光倾城的时候，君王还在芙蓉帐里。

旖旎的春光里，依稀可见，大唐盛世江河日下的痕迹。

身份的尴尬，帝王的颓废，让李白十分无奈。多年来一直想要进入庙堂，却原来，身在庙堂之中，仍是苦闷相随。于是，他将自己交给了诗酒。幸好，那时候的长安，还有几个性情放旷的朋友，在他无聊的时候，与他浅斟低唱。

对李白来说，诗是茅庐，盛得下悲欢聚散；

酒为关山，大可以坐卧行走。

花间一壶酒，独酌无相亲。举杯邀明月，对影成三人。
月既不解饮，影徒随我身。暂伴月将影，行乐须及春。
我歌月徘徊，我舞影零乱。醒时相交欢，醉后各分散。
永结无情游，相期邈云汉。

世事难得如意，每个人总要有所依归。有的人寄情山水，有的人放浪林下；有的人寄身沧海，有的人流连风月。歌台舞榭，盛筵浮欢，痴缠着许多人。却也有人，月下独酌，将人生，或悲或喜，放在杯里一饮而下。

一个人，一壶酒，一帘月。

在醉与醒之间，萧然落笔，寂寞中自有风流。

李白好酒，但是即使酒醉，仍有几分难得的清醒。

五代王仁裕《开元天宝遗事》记载："李白嗜酒，不拘小节，然沉酣中所撰文章，未尝错误，而与不醉之人相对议事，皆不出太白所料，时人号为醉圣。"

他嗜酒如命，但绝不是市井酒徒的烂醉形象。事实上，因为有诗，喝酒便成了一桩雅事。市井繁华俗人，狂饮之际，或溜须拍马，或自吹自擂，往往丑态百出。而文人饮酒，千杯酒后，或有千行诗。浅斟低唱，豪饮长歌，总不离风雅。离了风雅，酒便只是酒，醉也便是烂醉。

当然，开元天宝年间，嗜酒之人非独李白。贺知章、张旭、崔宗之，还有许多文人高士，都极好杯中之物。有了这些人，大唐便永远是那个醉醺醺的样子。氤氲的酒气，纵横的诗意，让整个时代风流快意。如烟往事，似水流年，都被人们放在酒中饮下，沉淀出风情与风华。

后来，杜甫写了首《饮中八仙歌》，诗中的八个人，嗜酒如命，放浪不羁，被人们称为"酒中八仙"。杜甫就像是高明的画师，用他精湛的画功，将八个人巧妙地放在一幅醉酒图中，让他们在那里颠来倒去。

知章骑马似乘船，眼花落井水底眠。
汝阳三斗始朝天，道逢麴车口流涎，恨不移封向酒泉。
左相日兴费万钱，饮如长鲸吸百川，衔杯乐圣称避贤。
宗之潇洒美少年，举觞白眼望青天，皎如玉树临风前。
苏晋长斋绣佛前，醉中往往爱逃禅。
李白斗酒诗百篇，长安市上酒家眠，天子呼来不上船，自称臣是酒中仙。
张旭三杯草圣传，脱帽露顶王公前，挥毫落纸如云烟。
焦遂五斗方卓然，高谈雄辩惊四筵。

那里，酒醉的贺知章，摇摇晃晃，如同乘船，落井便在井底沉睡而去；汝阳王李琎，饮酒三斗才上朝拜见天子，路遇酒车，便垂涎欲滴，恨不得将自己的封地迁往酒泉；左相李适之好酒，饮宴宾客，饮酒日费万钱，罢相后仍旧酒兴不减；李白的好友崔宗之，风流倜傥、俊逸洒脱，豪饮时睥睨天下；

那里，曾为户部和吏部侍郎的苏晋，后来参禅礼佛，却不忘杯中之乐，宁愿用多年的修行换取一夕沉醉；癫狂的草书圣手张旭，醉酒之时，不管是否有王公显贵在场，自顾自地脱下帽子，奋笔疾书，自由挥洒，字迹如云烟般舒卷自如；布衣焦遂，酒量惊人，狂饮五斗方有醉意，高谈阔论，语惊四座。

当然，那里有李白的身影。长安闹市，沽酒成欢。醉了，便睡在酒肆，大喇喇地，如早他五百年的阮籍，桀骜不驯，豪放纵逸，不管世人如何评说。杯中的酒，手中的诗，窗前的风，天上的月，将他的形象勾勒得飘飘洒洒。

他满腹诗才，所以恃才傲物。

于是，即使天子召见，仍有几分傲然。

他是诗仙，更是酒仙。人间，不过是寄身之所。

这些人，把酒言欢之际，支撑着大唐的诗意和醉意。于是我们看到，整个大唐，仿佛都在酒杯里，浮沉着，飘逸着。有了诗，有了酒，便有了整个时代的缱绻风流。

事实上，那样的时代里，也有离索，也有波澜，甚至也有烽火连城。但是，诗情不曾冷，酒意不曾淡。就像现在，开元盛世已渐渐消瘦，风雨已不遥远，但杯中的故事，仍旧透着几分清雅。

这其中，有个叫李白的诗人，在长安月下，醉眠酒家。

不管怎样，有诗有酒，纵是流浪，也是飘逸的姿态。

他在那里。醉在酒杯之中，睡在天地之外。

长安月冷

长安城里，月下花间，李白与诗酒为邻。

日子，静默地看着他，衣带生风而去，半醉半醒而归。

看似潇洒，实际上，他在长安的生活日渐逼仄。

傲视权贵，特例独行，桀骜不驯，放肆不羁，以及那醉眼迷离的样子，渐渐成了人们指责和诽谤他的理由。三国时魏国的李康在《运命论》里说："木秀于林，风必摧之；堆出于岸，流必湍之；行高于人，众必非之。"这话很符合李白在长安的处境。

越是孤傲不群的人，越难以容于众人。

当你说举世皆浊我独清的时候，你已成了秀林之木。

日子越长，李白就越苦闷和无奈。首先，翰林待诏的身份，最初让他兴奋不已，后来却渐渐觉得，食之无味，弃之可惜。在翰林院，他的远大抱负几无实现的可能；其次，庙堂之内，不论官位高低，人们都是战战兢兢、步步为营的模样，或在算计，或在韬晦，他却是笑傲天下的不羁模样，与众人格格不入，被指摘和排挤在所难免。

最让他难受的是，最初对他礼敬有加的唐玄宗，渐渐开始疏远他。除了有人非议，李白自负狂放、我行我素的性格也是重要原因。天宝二年（743）秋，李白写了《翰林读书言怀呈集贤诸学士》一诗：

晨趋紫禁中，夕待金门诏。观书散遗帙，探古穷至妙。
片言苟会心，掩卷忽而笑。青蝇易相点，白雪难同调。
本是疏散人，屡贻褊促诮。云天属清朗，林壑忆游眺。
或时清风来，闲倚栏下啸。严光桐庐溪，谢客临海峤。
功成谢人间，从此一投钓。

很显然，这时的李白，既闲散又无聊。

从早到晚待诏，但实际上应诏的事情很少。很多时候，他只能翻看前人的残卷遗篇，探讨古贤的著述穷极奥妙，偶有心得掩卷而笑。而这点乐趣,也渐渐难以找寻了。只因,身边尽是些庸碌逢迎之人,对他多有妒忌讥讽。他自诩阳春白雪,视别人为下里巴人,这样的清高姿态,岂能容于他人!

如此想来,翰林院的生活,实在是无味。

倒不如,严陵垂钓溪畔,谢灵运置身山水,来得自在。

于是,到长安一年后,李白便有了退隐之心。只不过,在后来回忆和描写翰林院生涯的诗文中,他一直强调,之所以离开长安,既不是自己的责任,也不是玄宗的责任,而是宫中奸佞小人的责任。也就是说,他是因被排挤而离京的。

李阳冰《草堂集序》载:"丑正同列,害能成谤,格言不入,帝用疏之";刘全白《唐故翰林学士李君碣记》中写道:"上重之,愈以纶诰之任委之,同列都所谤,诏令归山";李白在《答高山人兼呈权顾二侯》中说:"逸惑英主心,恩疏佞臣计";他还在《为宋中丞自荐表》中说:"为贱臣诈诡,遂放归山"。

总之,之所以离开,是奸臣作祟,离间了他与玄宗的关系。

其实,真正的原因是,有凌云之志,无济世之机。

那么远的志向,却只能在翰林院里,面对人们的蝇营狗苟,他无法不郁郁寡欢。他要成为姜尚、管仲、诸葛亮那样的人物。但是那年,虽然身在皇宫,他却只是个吟风弄月的词臣,以满怀壮志,装点别人的风雅。

烈士击玉壶,壮心惜暮年。
三杯拂剑舞秋月,忽然高咏涕泗涟。
凤凰初下紫泥诏,谒帝称觞登御筵。
揄扬九重万乘主,谑浪赤墀青琐贤。
朝天数换飞龙马,敕赐珊瑚白玉鞭。

> 世人不识东方朔，大隐金门是谪仙。
> 西施宜笑复宜颦，丑女效之徒累身。
> 君王虽爱蛾眉好，无奈宫中妒杀人。

据《世说新语·豪爽》记载：东晋王处仲酒后常吟唱曹操《步出夏门行》中"老骥伏枥，志在千里；烈士暮年，壮心不已"的悲壮诗句，边唱边敲击玉壶，结果壶口都被敲缺了。李白这首《玉壶吟》即以此为题，慨叹自己壮志未酬。

浊酒入肠，拔剑对舞秋月。想着逼仄的处境，不禁涕泪交加。初入长安时，御筵上群臣举杯相贺，投以歆羡目光；只是一年后，他便只剩寂寞，就像东方朔，身在朝野，却不受重用。他说，究其原因，是倾世之才，被人妒忌。

李白这个人，因其才华绝伦，必被妒忌；因其性格孤傲，必备毁谤。魏颢在《李翰林集序》中说，玄宗本想委任李白为中书舍人，时为中书舍人供奉翰林的张垍，因妒李白之才而献谗，玄宗便作罢了。

不过，此事未必是真。且不说从翰林待诏直接升为中书舍人是否符合升迁规则，单就玄宗识人用人来说，此事也很勉强。开元初期，他任用姚崇、宋璟、张九龄等人，在武则天之后的混乱时局中，缔造了为后世津津乐道的开元盛世，可见其雄才大略。

后来任用李林甫为相，此人虽常被诟病，却在相位上待了十几年。可见，玄宗用人是很坚定的。他当然了解李林甫的本性，但此时已非开元初期，他需要的不再是励精图治的宰相，而是精于算计、左右逢源的宰相。倘若玄宗认为李白有卓越的政治才华，想要委以重任，绝不会因张垍的几句诽谤之语，就改变初衷。我想，张垍妒贤嫉能的天性，玄宗也是清楚的。

不过，李白的确是越来越厌倦自己的处境了。他那样自命清高，别人常有流言是必然的。最重要的是，他不许自己的雄才大略被埋没，也不许自己身处庸常谄媚之人群。

那段时间，李白的送别诗中，总是流露出退隐的意向。

天宝二年秋，在长安青绮门，他送裴图南归嵩山，写了两首诗：

何处可为别，长安青绮门。胡姬招素手，延客醉金樽。
临当上马时，我独与君言。风吹芳兰折，日没鸟雀喧。
举手指飞鸿，此情难具论。同归无早晚，颍水有清源。

君思颍水绿，忽复归嵩岑。归时莫洗耳，为我洗其心。
洗心得真情，洗耳徒买名。谢公终一起，相与济苍生。

长安青绮门，是东去的行人辞别京城的起点。秦朝的东陵侯召平，秦灭后隐居不仕，在长安城东种瓜为生。青绮门往东，便是折柳分袂的灞桥。此地本就蕴蓄着历史的感慨，加上酒店里胡姬殷勤招呼，举杯在手，更觉得思绪万千，别情无极。

临别之际，他说：风吹芳兰折，日没鸟雀喧。意思是，奸佞当道，贤能不幸。裴图南此去嵩山，是为归隐，李白为他远离纷扰而感到欣慰。同时他说，自己隐退也只是时间的问题。

然而，李白所谓的隐居，仍以功成名就为前提。第二首里面的"洗耳"，典出许由故事。尧让天下于许由，许由不受。尧又召为九州长，许由不欲闻之，洗耳于颍水滨。今箕山有许由冢、洗耳池。

在李白看来，徒有隐居之名，洗耳而不洗心，是矫情作伪，欺世盗名。他认为，不论是进是退，是隐居还是出世，有经世之才、济世抱负的人，才算是超越俗流的大贤,就像先隐居后出山,助东晋大败前秦的谢安。

天宝三年(744)年初,族弟李襄离京回桂阳(属湖南),正好王昌龄在长安,李白和他为族弟送行。其后,李白写了两首赠别诗,颇见去留难定的心情。

秦地见碧草,楚谣对清樽。把酒尔何思,鹧鸪啼南园。
余欲罗浮隐,犹怀明主恩。踌躇紫宫恋,孤负沧洲言。
终然无心云,海上同飞翻。相期乃不浅,幽桂有芳根。

山野田园,可以任意来去,但若去了,不免有负君王。

可是,留在长安,便要承受诽谤和寂寞。

而且,他乘兴而来,以为实现抱负指日可待。却不料,君王近在咫尺,却不重用他。他宏伟的蓝图上,如今除了熟悉的叹息,还有庸常之人的脚印。思虑很久,他终于决定离开长安。

假如他只是个寻常文人,没有那么高的政治理想,那么,纵不能辅弼天下,在翰林院做个舞文弄墨的翰林待诏,也足以荣耀一生。可他是李白,不许自己的人生平淡无奇。假如他满足于帝王的礼遇,满足于御用文人的身份,恐怕就不值得追思千年了。

或许,在李白心中,大唐盛世就是为他施展盖世才华而预备的。孟子说,夫欲平治天下,舍我其谁?李白即是这般气度。这是属于盛唐的性格,是时代精神的象征。庸常文人必不能望其项背。

以李白在长安的表现来看,他是个十足的诗人。

他有锦绣之心,却无政治家的冷静与深沉。

但他,不服输,也不愿苟且。

长安月冷,他选择离开。

第五卷：诗酒天涯

与岁月同行，亦步亦趋。
但其实，岁月已在前方，悄然间，画下了烟雨和风霜。
与岁月同老，不离不弃。其实岁月从不老去，老去的，是我们。

赐金放还

梭罗说，一个人富裕程度如何，要看他能放下多少东西。
我想，所谓富裕，取决于灵魂的高度，而非身外之物的多寡。
清贫之人，若能慈悲和从容，以宽阔襟怀笑看风云，便也是富裕的。相反，一个人纵然拥有良田万亩、广厦千间，倘若心地窄狭，不懂慈悲，患得患失，他仍是个穷人。
李白这个人，纵然身在草野，有风有月，有酒有诗，便有了全世界。富贵，他可以视为粪土；荣华，他可以一笑置之。他苦苦追寻的，不是庸俗利名，而是，读书人的终极理想，那便是以惊世才学，治国平天下。若不为此，他或许会更加飘逸洒脱，但人生不免失之于厚重。
人无完人。李白也不例外。他才华倾世，他豪迈飘洒，他笑傲红尘。

但他，太自负，也太骄傲。而且，纵观其生平，他对自己始终不曾准确定位。他要做辅弼重臣，成就千秋不朽之功业，但其实，他根本不具备政治家该有的素养。天宝年间的唐玄宗，虽然迷醉于声色，但并未老眼昏花，识人依旧准确。因此，他只让李白做了个翰林待诏，使其侍弄花月，歌颂太平。

当然，这是李白无法接受的。

他是个完美主义者。宁为玉碎，不为瓦全。

登高望四海。天地何漫漫。霜被群物秋。风飘大荒寒。
荣华东流水。万事皆波澜。白日掩徂辉。浮云无定端。
梧桐巢燕雀。枳棘栖鸳鸾。且复归去来。剑歌行路难。

燕雀栖息于梧桐，凤凰反而寄身杂木。

小人得志，摇唇鼓舌；君子失所，壮志难酬。

这首《古风》所言，大概就是李白离开长安的原因。

后来，李白在言及长安这段岁月时说，他是因被中伤被排挤而选择离京的，许多史料也就这样描述。于是，许多人都说，是高力士、杨玉环、李林甫等人的挑唆，造成了李白的离开。

李濬《松窗杂录》里说，李白曾在酒醉后令高力士为自己脱靴，后者因此怀恨在心，便不断挑拨离间，阻碍李白进身之路。后来，李白写了三首《清平调》，里面有"借问汉宫谁得似，可怜飞燕倚新妆"的句子，高力士便怂恿杨玉环说，赵飞燕出身微贱，李白将她比作赵飞燕，是有意侮辱，杨玉环信以为真，就在玄宗面前极力诋毁李白。

也有人说，李林甫这个人妒贤嫉能，见李白受玄宗礼遇，入翰林院后炙手可热，担心他青云直上，威胁自己的利益，因此多有谗言，以致李白升迁无望。乍看之下，这些话有道理，但其实立不住脚。

先看高力士。人们常以力士脱靴这件事作为李白傲视权贵的例证，但这实属杜撰。高力士本名冯元一，幼年入宫，由一个名叫高延福的宦官收为养子，后改名高力士。由于曾帮助唐玄宗平定韦皇后和太平公主之乱，深得唐玄宗的宠信。开元后期，他的地位达到顶点，就连李林甫也得让他几分。

唐玄宗曾说："力士当上，我寝则稳。"也就是说，只要有高力士在，他便能高枕无忧，可见玄宗对高力士十分信任。《旧唐书·高力士传》载："每四方进奏文表，必先呈力士，然后进御，小事便决之。"

高力士这个人，权力虽大，但是对皇帝绝对忠诚。天宝初年，他被封为冠军大将军、右监门卫大将军，进爵渤海郡公，后来又被封为左监门卫大将军，为正三品，权倾朝野。李白固然孤傲清高，但毕竟只是个翰林待诏，而且入朝的机会得来不易，定然不会大失分寸，让高力士为他脱靴。

假如力士脱靴之事属实，也只能说明李白不识大体。事实上，这件事也不符合李白的性情。宫廷之中，大庭广众，让皇帝仰仗和敬重的近臣为自己脱靴，从本质上来讲，这并非清高傲岸，而是轻薄浮躁。显然，这与李白旷达清俊的形象格格不入。

所谓傲视，应该是精神上的俯视和从容。

而不是，在琐碎细节上取得苍白的愉悦和满足。

再说杨玉环。她是美的，有倾国倾城之姿。在李白的笔下，她也是风姿绰约，神姿仙态的。人们说，她受高力士撺掇，因为"借问汉宫谁得似，可怜飞燕倚新妆"这两句诗，毁谤李白。这也是附会之说。

赵飞燕是西汉成帝的皇后，身姿婀娜，传说能于掌中起舞，其受成帝娇宠的经历与杨玉环颇为相似。李白将杨玉环比作赵飞燕，并无讥讽贬低之意。事实上，赵飞燕这个名字在唐代许多文学作品中，皆以婀娜美女的代名词出现，毫无贬损之意。

另外，《清平调》是李白奉玄宗之命而写，玄宗非常喜欢，立刻命李龟年等乐工谱曲演唱。以玄宗之才识，若是李白诗中有嘲弄之意，必然能看出来。何况，李白纵然自命清高，也不可能在那种情况下讽刺玄宗宠幸至极的杨玉环。他虽狂傲，但是为了自己的政治理想，在皇帝面前万不敢造次。还有，此时的杨玉环，虽然受宠，毕竟入宫未久，荣宠还未延伸之杨家亲眷，杨国忠还在蜀中潦倒度日，李白实在没有讥讽杨玉环的理由。

这些故事，大都来自后世笔记杂史作者杜撰。

李白的确是蔑视权贵、傲岸不群的。人们也就信以为真了。

至于李林甫，很多人认为，李林甫大权独揽，造成朝政腐败，政治黑暗，对李白的仕途命运有很大影响。李林甫这个人善于钻营，阴险狡诈，政治权术可谓登峰造极。他在相位十多年，闭塞言论，嫉贤妒能，的确使得朝堂少了清正，充满了乌烟瘴气。也可以说，重用他，从很大程度上导致了大唐的衰败。

据《资治通鉴》记载，玄宗欲求天下贤能，下诏让有才之人入京进行选拔。结果是，李林甫刻意阻挠，无一人入选，还上疏对玄宗说，野无遗贤。也就是说，贤能之人皆已入朝。这样的人长居相位，盛世怎能长久？

不过，若说是李林甫妒贤，造成李白的离开，实在太牵强。李白只是个侍弄文墨的翰林待诏，对李林甫并无威胁，后者没必要对付他。以李林甫之老辣眼光，定能看出，诗才出众的李白，并不具备政治上需要的权谋和性格。

李白之所以决定离开长安，主要是因为失望。

他自视甚高,却只被当做诗人,安置在翰林院。

傲岸的他,不屑于这份被许多人艳羡着的无味荣耀。

曾经,他以为,那是距离理想最近的时候,在大唐的政治中心,可以任他施展经纬之才。然而,尘埃落定后,突然发现,现实与理想仍有着云泥之别。以他的性格,诋毁是有的,指摘是有的,却并非离开的真正原因。玄宗不对他委以重任,是召他入京时就已想过的,并非因别人的毁谤和谗言。

天宝三年(744)正月,贺知章请辞回乡,玄宗诏令在长乐坡为其饯别。

李白作了首《送贺宾客归越》,赠给耄耋之年的贺知章。

镜湖流水漾清波,狂客归舟逸兴多。
山阴道士如相见,应写黄庭换白鹅。

一叶扁舟,过尽湖光山色。那是四明狂客的身影。

李白遥想着,江南云水间,贺知章过的是这般悠然的日子。

据《太平御览》记载,王羲之很喜欢白鹅,山阴地方有个道士得知后,就请他书写道教经典《黄庭经》,并以自己所养的一群白鹅作为报酬。事实上,贺知章本人也是颇有声名的书法家,善草隶,深得时人珍爱。

所以李白说,此次贺知章回乡,恐怕也会有道士上门求书。这里,仍是说贺知章在山阴的日子意趣横生。当然,说的是贺知章的生活,又何尝不是他自己的心愿。

这年暮春,李白正式上书玄宗请辞。玄宗大概知道,以李白的狂傲性情,早已厌倦了翰林院的生活。于是,他批准了李白的请求,并赐给李白不少金银盘费。对于此事,史书记载:赐金放还。

应该说,对李白来说,这是个很体面的下台方式。玄宗对他,没有贬斥,没有谴责，保全了他作为文人的体面和尊严。由此也可以看出，李白在玄宗心目中，始终是个文人。若是政治家，被贬出京，画面必不会如此温和。

玄宗这样的处理，使李白从入京到离京，整个过程呈现着文学色彩和浪漫色彩，还有浓厚的人情味。自然，这样的来去，更加符合李白的气质。这是典型的李白式的离开。很潇洒，很飘逸。

尽管带着失意离开，至少离开的时候，很体面。

身后的长安城，灯火依旧绚烂。

他不是归人，只是个过客。

长风破浪会有时

乘兴而来，败兴而去。

第二次入长安，仍是落寞收场。

他走了，带着他的诗。一人，一剑，一马。

可以肯定的是，玄宗赐金放还的处理方式，使李白作为诗人，声名更盛了。大唐万里关河，写诗的人数不胜数，但是能得帝王那样礼遇的，毕竟寥寥。临行前，朋友们为李白践行。感慨之余，李白写了首《行路难》：

> 金樽清酒斗十千，玉盘珍馐值万钱。
> 停杯投箸不能食，拔剑四顾心茫然。
> 欲渡黄河冰塞川，将登太行雪满山。
> 闲来垂钓碧溪上，忽复乘舟梦日边。
> 行路难！行路难！多歧路，今安在？
> 长风破浪会有时，直挂云帆济沧海。

尽管前途未卜，他依旧旷达。

长风破浪，总有渡过沧海的时候。

人生本就是未知的旅行，山一程，水一程，风雨无定，岁月凄迷。有人沉湎旧事，彷徨无措；有人抛下从前，步履从容，遇见崭新的日子，和崭新的自己。

世事多变幻。春江水暖，也有风吹花落；山重水复，也有柳暗花明。潮有起落，月有圆缺，于是世间的我们终于明白，明暗交替，聚散相依，才是真实的人生。

纵然匹马天涯，至少还有，一蓑烟雨，快味平生。

孤灯一盏，照不亮红尘万丈，至少可以，温暖寸心。

属于李白的灯，一直都亮着。那是他旷逸乐观的性情。

离开长安后，李白出武关，取道商洛东行，前往商山拜谒"商山四皓"陵墓。"商山四皓"是秦朝末年四位信奉黄老之学的高士：东园公唐秉、夏黄公崔广、绮里季吴实、甪里先生周术。他们是秦始皇时七十名博士官中的四位，因不满秦始皇暴政，到商山长期隐居。后来，他们辅佐汉高祖刘邦的太子刘盈（即汉惠帝），出山时皆眉皓发白，故被称为"商山四皓"。功成名就后，继续隐于商山。

在他们的坟茔前，李白既向往他们隐于山野的自在，又羡慕他们功成身退的潇洒。拜谒之后，他写了《商山四皓》《过四皓墓》《山人劝酒》三首诗。

苍苍云松，落落绮皓。
春风尔来为阿谁，蝴蝶忽然满芳草。
秀眉霜雪颜桃花，骨青髓绿长美好。

称是秦时避世人，劝酒相欢不知老。
各守麋鹿志，耻随龙虎争。欻起佐太子，汉王乃复惊。
顾谓戚夫人，彼翁羽翼成。归来商山下，泛若云无情。
举觞酹巢由，洗耳何独清。浩歌望嵩岳，意气还相倾。

荒草之间，李白遥望九百多年前。

那样的高士，进可安济天下，退可醉卧林山。

进退之间，一身潇洒。他喜欢，这样进退有度的人生。

每个人，都应这样：有居庙堂之高的勇气，亦有处江湖之远的从容。

李白，自有他的飘逸旷达，不必羡慕任何人。

这年初夏，李白来到了洛阳，遇到了蹭蹬的杜甫。杜甫比李白小十一岁，本襄阳人，后徙河南巩县。自号少陵野老，被后人称为诗圣，他的诗被称为诗史。后世称其杜拾遗、杜工部，也称他杜少陵、杜草堂。

二十岁时，杜甫漫游吴越，历时数年。开元二十四年，在洛阳参加进士考试，结果落第，继续漫游各地，也不乏干谒求荐经历。与李白相遇的时候，杜甫已在洛阳寄居两年，正是困顿彷徨之时。对三十三岁、落魄江湖的杜甫，诗名显赫的李白没有丝毫倨傲。恰好相反，因为意气相投，他们一见如故。

相比而言，杜甫老成，李白天真；杜甫淳朴，李白飘洒。相同的是，都是真性情，且心系苍生，胸怀天下。从写《饮中八仙歌》来看，杜甫也有狂放不羁、豪气干云的一面。否则，也不会以那样饱满的笔墨，去勾勒那些醉意翩跹的身影了。

正因为如此，相逢未久，他们就将对方引为知己了。

洛阳城里，携手游赏，同饮共醉，说不尽的快意潇洒。

无意间，两个诗情满腹的诗人，为中国文学史书写了一段佳话。

荒芜尘世，从来不缺繁华。缺的是，天真快味，诗酒清欢。

李白与杜甫，不仅是朋友，更是知己，甚至是兄弟。他们，不仅可以携手同游花下，也可以共被抵足而眠。那是浮华世界里最澄澈最纯真的友谊。杜甫在《与李十二白同寻范十隐居》中记录了这样的真情：

李侯有佳句，往往似阴铿。余亦东蒙客，怜君如弟兄。
醉眠秋共被，携手日同行。更想幽期处，还寻北郭生。
入门高兴发，侍立小童清。落景闻寒杵，屯云对古城。
向来吟橘颂，谁欲讨莼羹。不愿论簪笏，悠悠沧海情。

李白和杜甫在洛阳同游多日，终于结束了把酒风前、醉卧花下的日子。但似乎仍未尽兴，于是临别前相约，于秋天同游梁宋。这年秋，两人皆如期赴约。在大梁，他们邂逅漫游于此的高适，不胜欣喜。于是，两个人的诗酒流连，变成了三个人的天空海阔。

这三个人，李白刚经历长安之痛，杜甫清贫度日，高适仍是布衣一介，但是携手同游的日子，只求相逢快意，不说人生愁苦。偶尔坐卧云下，偶尔对酌酒家，有诗佐酒，有月为邻，极是写意快活。

除了杜甫，其他两人皆已年过不惑，但是那些日子，他们甚至找回了几分年少轻狂。三个风姿不凡的诗人，带着些酒意，走在繁华闹市，颇见侠气。尤其是李白，本就任侠，此时更是英姿勃发。他们所在的大梁战国时曾是魏国的都城，有过著名侠士侯嬴和朱亥。某天，酒浓时，诗意裹挟着侠气，李白写了首《侠客行》，其中有这样几句：

十步杀一人，千里不留行。
事了拂衣去，深藏身与名。

李白，当然不会如诗中所写，杀人如拾草芥。

但他的精神世界里，有来去无踪、快意恩仇的洒脱。

他是诗人，所以有诗心；他是剑客，所以有侠骨。

所以，他可以诗情画意，也可以来去如风。

离开大梁后，他们又来到宋州。在宋州梁园，他们登临西汉梁孝王的平台，然后到孟诸野湿地游猎，又到梁园北面单父县的单父台宴游。轻裘快马，纵横驰骋，俨然便是少年人的模样。他们不知道的是，三百多年后，豪放如李白的苏东坡，也曾如他们这般，牵黄擎苍，纵马行猎。结束后，填词《江城子》，满纸的豪气。

老夫聊发少年狂，左牵黄，右擎苍。锦帽貂裘，千骑卷平冈。为报倾城随太守，亲射虎，看孙郎。

酒酣胸胆尚开张，鬓微霜，又何妨！持节云中，何日遣冯唐？会挽雕弓如满月，西北望，射天狼。

日子越是欢乐，就越经不起消磨。

所有的相逢如歌，终要以离别画上句号，或者叹号。

事实上，往往是这样，相聚很短，离别很长。

离别之后，曾经把酒言欢的人们，总要拾掇心情，单独上路。然后在某时某地，不经意间，遇见新友或者旧知。倒不如，将离别当做一次落幕。舞台仍在，人生何处不相逢。

初冬，杜甫走了，高适也走了。狂欢的结尾，是形单影只。

走的时候，杜甫诗赠李白。他说：痛饮狂歌空度日，飞扬跋扈为谁雄。

似是反省，又似劝慰。对李白来说，狂歌就是狂歌，不说对错。

与杜甫和高适分别后,李白奔赴齐州临淄郡(今山东济南),请紫极宫道士高如贵为他授道箓;其后,他又前往安陵(今河北景县附近),请道士盖寰为他书写真箓。从此,李白有了切实的道士身份。

那段时间,仕途失意,李白对道教非常热衷,与杜甫和高适同游的日子,也曾前往寻仙访道。加入道籍后,他曾沉迷于炼丹,也曾写过道书。他在《奉赠高尊师如贵道士传道毕归北海》一诗中写道:

道隐不可见,灵书藏洞天。
吾师四万劫,历世递相传。
别杖留青竹,行歌蹑紫烟。
离心无远近,长在玉京悬。

长安之行惨淡收场,李白只能在疏狂的生活中找寻些许安慰。那时候,他既想及时行乐,又想求仙问道;既想退隐林下,又想裘马轻狂。看似自在,其实他很矛盾。不过,长安的失意,对于他的思想和诗歌创作,并非坏事。写诗,总要经过砥砺和痛楚,才能完成嬗变和升华。

天宝四年(745)春,李白回到了东鲁。

许多天,除了饮酒,便是写诗。日子很是散淡。

杜宇声声,梨花满地。他的门关着。

飞蓬各自远

入我室者,但有清风;对我饮者,唯有明月。

月下的人间，寂静而深沉。他在酒杯里，与自己为邻。

他醉了，诗醒着：但得酒中趣，勿为醒者传。

就这样，诗酒摇曳，从春天来到了秋天。杜甫悄然而至。对他而言，与李白相识，是人生幸事。自然地，与李白同游，是人生乐事。李白之于他，是文坛巨擘，亦是难得的知己。其诗才与性格，他都无比欣赏。

杜甫在《春日忆李白》中写道："白也诗无敌，飘然思不群。清新庾开府，俊逸鲍参军。何时一尊酒，重与细论文。"于是，分别大半年，他又来了，只为与那飘然不群的老大哥，把酒同游，品文论诗。

杜甫一来，李白立即从瑟瑟秋风里走了出来。他是这样，即使悒郁愁苦，只要与朋友相逢，就会马上愉悦起来。那段时间，他们同游东鲁，醉眠秋月之下。一觞一咏，尽是文人雅趣。秋高气爽的日子，他们也曾去城北访问隐士范十，在后者家里受到热情款待，痛饮开怀，风流自在。李白写诗记载了此事：

雁度秋色远，日静无云时。客心不自得，浩漫将何之。
忽忆范野人，闲园养幽姿。茫然起逸兴，但恐行来迟。
城壕失往路，马首迷荒陂。不惜翠云裘，遂为苍耳欺。
入门且一笑，把臂君为谁。酒客爱秋蔬，山盘荐霜梨。
他筵不下箸，此席忘朝饥。酸枣垂北郭，寒瓜蔓东篱。
还倾四五酌，自咏猛虎词。近作十日欢，远为千载期。
风流自簸荡，谑浪偏相宜。酣来上马去，却笑高阳池。

深秋，结束了同游共饮的日子，他们再次分别。临别时，李白在东石门为杜甫设宴践行，写诗《鲁郡东石门送杜二甫》。一别，关山无限。他们再未见面。

醉别复几日，登临遍池台。何时石门路，重有金樽开。
秋波落泗水，海色明徂徕。飞蓬各自远，且尽手中杯。

果然，飞蓬各自远。

离别，可以是重逢的序幕，也可以是相欢的终结。

天涯各自，人海茫茫，每个人都有自己的人生要泅渡。

知交零落，能够千里共明月，却难再共对清樽。

分别后，偶尔捞起往事，很温暖，也很凄凉。李白与杜甫，在后来的许多年，只能以诗来表达知己间的深情。杜甫涉及或者写给李白的诗有二十余首，李白写给杜甫的仅有四首。于是，人们总说，他们之间的情感不对等。其实，这主要是性格使然。李白这个人，不太牵绊于个人情感，可以说，他比杜甫洒脱。

另外，这与李白诗多有散佚有关。南宋诗人陆游，自言"六十年间万首诗"，存世的诗真有九千多首。杜甫说，李白斗酒诗百篇，虽有些夸张，但以李白之才华，一生写诗恐怕至少几千首。遗憾的是，他的诗大部分散佚了，只有不足千首存世。或许，他写给杜甫的诗，未必只有四首。

更何况，情深情浅，并不能由此看出。

最深的情感，往往是沉静的，润物细无声的。

杜甫离开后，李白的生活又恢复了寂静。

秋风里，独立寒窗，忆起同游的日子，他写了首《沙丘城下寄杜甫》：

我来竟何事，高卧沙丘城。城边有古树，日夕连秋声。
鲁酒不可醉，齐歌空复情。思君若汶水，浩荡寄南征。

远方的杜甫，从未停止对李白的思念。后来那些年，他写了多首寄托思念的诗，诸如《冬日怀李白》《春日忆李白》《梦李白》《天末怀李白》等等。杜甫了解李白，知道他狂傲背后的悲苦。他知道，李白虽然飘逸不羁，但活得并不如意。所以，他总是希望，待他如兄弟的李白，能施展自己的才华，能过好自己的日子。

大概是由于长时间心境悒郁，天宝五年（746），李白大病了一场，卧床数月。直到秋天，他才病愈。朋友窦明府回长安，他为其送行，并写诗以记。诗中写道：

长风吹月度海来，遥劝仙人一杯酒。
酒中乐酣宵向分，举觞醉尧尧可闻。
何不令皋繇拥篲横八极，直上青天挥浮云。

月朗风清之日，与仙人同醉。酒酣之时，兴许只是对着月亮，说出了自己的心事：尧帝若是有知，则应命令皋陶手执扫帚，廓清宇内，扫清遮掩青天的浮云。

很显然，这些话是说给玄宗听的。他希望，大唐天子能够扫清奸佞，还朝堂以清正之气。看得出，虽然长安之行悲凉结尾，他并没有对仕途失去兴趣和信念。可谓是，身在江湖，心存魏阙。让他厌恶的，是庙堂之上横行之鬼蜮，是让大唐政治走向浑浊甚至黑暗的那些邪佞之人。

想必，许多月明之夜，他曾西望长安。

他希望，玄宗能够巨手一挥，扫尽尘埃。

然而，同样的月明之夜，大唐天子在宠幸一位叫杨玉环的女子。芙蓉帐温暖，琵琶声迷乱。旖旎的《霓裳羽衣舞》，美人舞步飞扬，君王醉眼迷离。有人逢迎盛赞，有人沉默不语。声色犬马四个字，人们放在了心里。

偏偏，那段时间好几个朋友回长安，除了窦明府，还有韦八，以及李白的族弟李况。每次送别都能勾起李白心事。送别韦八时，他写了首《金乡送韦八之西京》：

客自长安来，还归长安去。狂风吹我心，西挂咸阳树。
此情不可道，此别何时遇。望望不见君，连山起烟雾。

送别李况时，他的诗里有这样的句子：沐猴而冠不足言，身骑土牛滞东鲁；圣朝久弃青云士，他日谁怜张长公。他说，朝堂之上，尽是沐猴而冠的无才无德之人，他这样的高洁之士不受重用，只好滞留于东鲁。怨愤之气显而易见。

这年冬天，李白怀念江南，决定南下吴越。写了首《梦游天姥吟留别》，告别东鲁诸位好友，便开始了南下之旅。说走就走，不纠结，不犹豫。性格简单的人大都如此。沉稳之人，瞻前顾后，固然行事稳妥，却也因此少了几分洒脱。

海客谈瀛洲，烟涛微茫信难求。越人语天姥，云霞明灭或可睹。天姥连天向天横，势拔五岳掩赤城。天台四万八千丈，对此欲倒东南倾。我欲因之梦吴越，一夜飞度镜湖月。湖月照我影，送我至剡溪。
谢公宿处今尚在，渌水荡漾清猿啼。脚着谢公屐，身登青云梯。半壁见海日，空中闻天鸡。千岩万转路不定，迷花倚石忽已暝。熊咆龙吟殷岩泉，栗深林兮惊层巅。云青青兮欲雨，水澹澹兮生烟。列缺霹雳，丘峦崩摧。洞天石扉，訇然中开。青冥浩荡不见底，日月照耀金银台。

霓为衣兮风为马，云之君兮纷纷而来下。虎鼓瑟兮鸾回车，仙之人兮列如麻。

忽魂悸以魄动，恍惊起而长嗟。惟觉时之枕席，失向来之烟霞。世间行乐亦如此，古来万事东流水。别君去兮何时还，且放白鹿青崖间，须行即骑访名山。安能摧眉折腰事权贵，使我不得开心颜。

这是首记梦诗，也是首仙游诗。

感慨深沉激烈，变化惝恍莫测。于虚无飘渺的描述中，寄寓着生活现实。虽离奇，但不做作。内容丰富曲折，富有浪漫主义色彩。形式上杂言相间，兼用骚体，不受律束，信手写来，笔随兴至，诗才横溢，堪称绝世名作。

难怪，杜甫说他"笔落惊风雨，诗成泣鬼神"。本是留别诗，李白却不落窠臼，借留别来表达自己的孤高性情，和不逢迎不阿谀的政治态度。他大胆运用夸张的手法来描述幻想中的世界，塑造幻想中的形象。他写熊咆龙吟，写雷电霹雳，写空中楼阁，写霓衣风马等等，将幻想的场面写得活灵活现，令人眼花缭乱，惊心动魄。

当然,写仙游之处的绮丽,是为了反衬现实世界的污浊。所以，到最后，他终于喊出振聋发聩的一声：安能摧眉折腰事权贵，使我不得开心颜！就像，独立于凛冽风中，对着全世界长啸，有凌沧绝地的气概。

李白仍是矛盾的。想安济天下却难圆夙愿，想摆脱功名却无法忘怀。但无论如何，他绝不会向权贵摧眉折腰。人生起落，世事浮沉，他永远是那样，傲然挺立，保持着人格独立和精神自由。

唐人说，李白不能屈身，以腰间有傲骨。

的确如此。一轮月，一壶酒，仰天大笑，就是他。

整个世界，在他的笑声里一片死寂。

长安不见使人愁

天宝五年冬天,四十六岁的李白出发南下。

他先到了扬州。冬天的江南,山水寂静,满目萧疏。

幸好,这里还有朋友。有红泥的火炉,有纯净的情谊,飞雪之日,小酌于炉火旁,说世事沧桑,亦是悠然自得。离开广陵时,与朋友们告别,李白写了首《留别广陵诸公》。

空名束壮士,薄俗弃高贤。中回圣明顾,挥翰凌云烟。
骑虎不敢下,攀龙忽堕天。还家守清真,孤洁励秋蝉。
炼丹费火石,采药穷山川。卧海不关人,租税辽东田。
乘兴忽复起,棹歌溪中船。临醉谢葛强,山公欲倒鞭。
狂歌自此别,垂钓沧浪前。

在这首诗里,李白忆及前尘往事,有感慨,也有反思。

他说,浮世虚名束缚了心性,轻薄世俗委弃了高贤之才。

他说,中年得天子垂顾,挥洒妙笔,气凌云烟,却是战战兢兢。

与其如此,倒不如,沧浪垂钓,五湖泛舟。于清酒狂歌里,了此余生。写得潇洒,就好像他真的只愿坐卧云水,求仙问道。但其实,他那经邦济世的志向,从未舍弃。他只是暂时将其安置于角落,在看似潇洒的行迹中,掩藏不得志的哀愁罢了。

在扬州,李白定会想起那个叫孟浩然的故友。多年前,孟浩然从武昌至扬州,李白在黄鹤楼为其送行。烟花三月,长江流向天际,故人远隔天涯。但那时,他们还有重逢的机会。而现在,斯人已逝,往事清晰,想来不胜唏嘘。

其后,李白来到了金陵,已是天宝六年(747)春天。秦淮河流得寂静,沉淀着千古的风流和寂寞。于李白,也是物是人非。曾经,临别之时,欲行不行,各尽杯中酒,问别意是否长过流水的那些人,如今还能遇见几个?

我们相逢陌上,觥筹交错,山水流连。

然后默然作别。以为,山不转水转,总有重逢之日。

后来才发现,一别多年,许多人去了便是永远的音讯杳然。

天之涯,地之角,知交半零落。后来的我们,都是这样。

离开金陵后,李白经云阳(今江苏丹阳)、吴郡,前往越中漫游。李白此行,除了故地重游,还有个很重要的目的,就是去看望自己的忘年好友贺知章。虽相差四十余岁,却是情趣相投,肝胆相照。李白希望,与这位文坛耆宿倾谈叙旧,泛舟镜湖。

途经丹阳时,看到纤夫生活苦不堪言,心酸之余,写了首《丁都护歌》。其中写道:"一唱都护歌,心摧泪如雨。万人凿盘石,无由达江浒。君看石芒砀,掩泪悲千古。"他说,纤夫之苦,足以感伤千古。他那颗诗人的心,永远都是存着慈悲的。

李白抵达了会稽。让他悲伤的是,贺知章于离开长安当年就病故了。赴会稽之前,李白并不知晓。那日,他带着好酒前去拜访,得到的却是贺老离世的消息。怅然若失,写了首《访贺监不遇》:

欲向江东去,定将谁举杯?
稽山无贺老,却棹酒船回。

他是兴致盎然而来的。他知道,四明狂客好酒如他。

可是现在,知交已逝,对酒也是了无趣味。

所谓故人,或许在千里之外,或许在云烟之外。

一棹平湖,满怀的凄凉。悠悠荡荡,却不是闲情。他清楚地记得,数年前在长安,那位耄耋老人称他为谪仙人,在酒馆共饮,豪情不输少年。金龟换酒,更是潇洒淋漓。而现在,镜湖水光潋滟,他只能对酒伤怀。笔下的诗,也满是凄凉。

狂客归四明,山阴道士迎。
敕赐镜湖水,为君台沼荣。
人亡馀故宅,空有荷花生。
念此杳如梦,凄然伤我情。

贺知章是功成身退的。离开长安归乡时,唐玄宗曾下诏,将镜湖剡川一角赐于他,作为放生池。贺知章的人生,正是李白羡慕和追求的。那时候,李白的赠别诗《送贺宾客归越》完全是乐观、恭贺的态度。

几年以后,往事历历在目,故人已无声响。

睹物思人,免不了长叹:世事如梦,聚散如烟。

明代诗论家陆时雍本着"绝去形容,独标真素"的论诗宗旨,对唐代五言古诗,包括杜甫在内,基本上持否定态度,而唯独李白颇得赞许。他在《诗镜总论》中说:"庶几者其太白乎?意远寄而不迫,体安雅而不烦,言简要而有归,局卷舒而自得。离合变化,有阮籍之遗踪;寄托深长,有汉魏之委致。"

陆时雍从情深、象远、法变、气凝等八方面论述唐代诗人除李白之外,五言诗大都算不得上乘,即使是杜甫,他也这样评价:"虽以子美雄材,亦踸踔于此而不得进矣。"见解未免偏激,但是李白《对酒忆贺监》这类诗,的确具有"绝去旧形容,独标真素"的显著特点。不事雕凿,毫无惊人之句,但其中蕴含的情韵和诗人内心的凄楚,却十分深沉饱满。

对此,陆时雍的说法是:深情浅趣,深则情,浅则趣。

对于李白,便是:清水出芙蓉,天然去雕饰。

故人不在,留在会稽不过是徒增伤感。所以,李白很快就返回了金陵。随后几年,他就在金陵等地,寻古访旧,寄情山水。王昌龄时任江宁丞,闲暇时,与李白相约,或游赏山水,或把酒闲谈。

李白偶尔向西而望,那里有个叫长安的地方。就像那日,登临凤凰台,感慨万千,蓦然间想起了长安。于是,有了那首《登金陵凤凰台》:

凤凰台上凤凰游,凤去台空江自流。
吴宫花草埋幽径,晋代衣冠成古丘。
三山半落青天外,一水中分白鹭洲。
总为浮云能蔽日,长安不见使人愁。

凤凰台,在金陵凤凰山上。据《江南通志》载:南朝刘宋永嘉年间有凤凰集于此山,乃筑台,山和台也由此得名。许多年后,凤凰已去,此间只剩荒台,和沉默的江水。

曾经,三国孙吴在金陵建都筑宫,气象万千;曾经,东晋明帝为郭璞修建衣冠冢,豪华一时。几百年后,吴国繁华的宫廷早已荒芜,东晋的一代风流人物只留荒丘。

煊赫与风流,终究只是刹那的惊艳。

岁月面前,任何人,任何事,都只能敬畏。

思古之时,李白的思绪突然间回到了现实。从六朝的帝都,想起了长安。他知道,庙堂之内阴云密布,有不少奸佞之人遮天蔽日。陆贾《新语·慎微篇》曰:"邪臣之蔽贤,犹浮云之障日月也。"李白说,"总为浮云能蔽日,长安不见使人愁",可见其眼见奸佞当道,报国无门,心情是苦闷和沉痛的。

相传,李白很欣赏崔颢《黄鹤楼》诗,欲拟之较胜负,乃作《登金陵凤凰台》诗。《苕溪渔隐丛话》、《唐诗纪事》都有类似的记载,或许可信。该诗与崔诗工力悉敌,正如方回《瀛奎律髓》所说:"格律气势,未易甲乙。"在用韵上,二诗都是意到其间,天然成韵。语言也流畅自然,不事雕饰,潇洒清丽。

李白是天才诗人,然而,在登临黄鹤楼时,却没能尽情尽意。他曾说:"眼前有景道不得,崔颢题诗在上头"。或许,他始终心有不甘,要与崔颢一较高下。于是,这天登上凤凰台,追昔抚今,写出了这首与《黄鹤楼》难分轩轾的《登金陵凤凰台》。

虽然只是传言,却也符合李白的性格。

他是狂放不羁的李白,亦是天真率性的李白。

天宝六年(747)末,李白在金陵重逢旧交崔成甫。

崔成甫曾任校书郎、摄监察御史,如今被贬职到湘阴(今属湖南)。此番来金陵,尽管是被贬途中,还是与李白同游数日,也曾以诗酬唱。

我是潇湘放逐臣,君辞明主汉江滨。
天外常求太白老,金陵捉得酒仙人。

严陵不从万乘游,归卧空山钓碧流。
自是客星辞帝座,元非太白醉扬州。

严子陵不愿做汉光武帝的随从,回归富春江,醉卧空山,闲钓碧流。

李白在酬答崔成甫的诗中说,他也像严子陵那样,客星辞帝座,回归江湖,并不是太白金星醉卧扬州,回答了崔成甫"金陵捉得酒仙人"。对答之间,风雅中不失风趣。

李白这首诗,看上去,就像是与好友叙谈家常。

但在这平淡之间,分明有无奈和愁苦。

浮云蔽日,不见长安。这就是原因。

达不足贵,穷不足悲

俗语讲,月盈则亏,水满自溢。

有高峰就有低谷,有强盛就有衰亡。世间万物,莫不如此。

开元盛世,持续了三十余年,固然是山河壮丽,民生安定,造就了雍容优越的盛世精神,却也在无形中滋养了许多人养尊处优、居安不思危的慵懒与不作为。很遗憾,这里面就有大唐天子李隆基。

当锐意进取渐渐转变成骄奢淫逸,大唐王朝里许多问题越来越清晰,比如尾大不掉,比如欺上罔下。阴霾越来越重,有人陈仓暗度,有人覆雨翻云。唐玄宗熟视无睹,仍旧陶醉在他亲手打造的盛世梦里。他的身边,杨玉环舞步飞扬,眉波流转之间,日与夜已没了界限。。

只不过,此时的大唐,还未到风雨飘摇之时。

至少从表面看,民生尚未凋敝,河山依旧安稳。

江南,李白与友人泛舟湖上。想起屈原,想起谢灵运,终究是往者不可追。有时候,想着年华渐老,总觉得忘却功名,老死云水之间也不错。

> 楚臣伤江枫，谢客拾海月。怀沙去潇湘，挂席泛溟渤。
> 蹇予访前迹，独往造穷发。古人不可攀，去若浮云没。
> 愿言弄倒景，从此炼真骨。华顶窥绝溟，蓬壶望超忽。
> 不知青春度，但怪绿芳歇。空持钓鳌心，从此谢魏阙。

但他，又忍不住遥望长安，那个浓云蔽日的地方。他以为，朝堂上只是有不少佞臣，蛊惑君心而已。然而，真实的情况比他想的要严重许多。那个地方，不仅有人只手遮天，甚至有了血雨腥风的味道。

杨玉环所受娇宠日甚，其亲眷也备受恩宠，大有鸡犬升天的迹象。天宝四年，玄宗册立杨玉环为贵妃，由于自废掉王皇后就再未立后，杨贵妃就相当于皇后。杨玉环的养父杨玄珪被提升为光禄卿，哥哥杨铦升任鸿胪卿，堂兄杨锜当上了侍御史。就连杨玉环的远房兄弟杨钊，本在蜀中混迹市井，被赐名杨国忠，得到重用，身兼支部郎中等十余职，后来升为宰相，操纵朝政。

最受瞩目的是杨玉环的几个姐姐。大姐被封为韩国夫人，三姐被封为虢国夫人，八姐被封为秦国夫人。不仅皆赐宅长安，每月还各领脂粉费十万钱。玄宗游幸华清池，以杨氏五家为扈从，每家一队，穿一色衣，五家合队，五彩缤纷。沿途掉落首饰遍地，其奢侈无以复加。杨家一族，娶了两位公主，两位郡主，玄宗还亲为杨氏御撰和彻书家庙碑。

正如杜甫在《丽人行》里所写：炙手可热势绝伦。

杨玉环不是褒姒，但是恐怕，玄宗愿意为她烽火戏诸侯。

长安没有姑苏台，却也有日夜无休的歌舞升平。

除了炙手可热的杨家一门，还有以李林甫为首的许多奸邪诡诈之人，在大唐帝国的最高处，上下其手，气焰日甚。李林甫在闹了一出"野无遗贤"的闹剧后，不断使用酷吏，迫害朝中刚直忠正之臣，制造了不少冤案。

天宝五年（746），长安发生了一起震动全国的大案。李林甫千方百计地想要剥夺太子李亨的储君位置，有预谋地组织了一场对东宫近臣和亲友的大屠杀。太子妃的兄长韦坚本是陕州刺史，两年前因开漕运有功，升任刑部尚书，此案中被流放临封（在今广东）。

在此案中，李林甫恣意罗致，广泛株连，坐贬者达数十人。其中，有几人是李白的挚友，即李邕、裴敦复、崔成甫。杜甫《饮中八仙歌》中的左相李适之，先是被罢相，改授太子少保，后又被贬为宜春太守。天宝六年（747），御史罗希奭奉李林甫之命，将韦坚、裴敦复、李邕等人杀害于贬所。不久，罗希奭前往宜春郡。李适之惊惧之下，服毒自尽。

金陵城里，李白与崔成甫对酒倾谈。听闻了这些事，李白痛心疾首，对朝中权臣专横跋扈深恶痛绝，忧国忧民之心油然而生。然后，崔成甫又说道，天宝六年十月，玄宗下令王嗣宗发兵攻打吐蕃石堡城，后者上疏主张持重稳守，被扣上了阻挠军功的罪名，李林甫落井下石，唆使人诬告王嗣宗。结果，王嗣宗被贬汉阳太守，不久忧愤而死。

李白心痛了。为江山社稷，为天下苍生。以前，他的愤懑源于仕进无门。如今，则因为朝廷昏暗无光。正直贤能之士越来越少，朝堂上魑魅魍魉只手遮天。长此以往，大唐江山势必是：内无辅弼良臣，外无戍边大将。

然而，再忧心忡忡，也是毫无办法。他只是个诗人。

纵然人在长安，一盏烛火，也照不亮长夜。

于是，他只能买醉遣愁，在秦楼瓦肆，在歌馆烟街。

昨玩西城月，青天垂玉钩。朝沽金陵酒，歌吹孙楚楼。
忽忆绣衣人，乘船往石头。草裹乌纱巾，倒被紫绮裘。
两岸拍手笑，疑是王子猷。酒客十数公，崩腾醉中流。
谑浪棹海客，喧呼傲阳侯。半道逢吴姬，卷帘出揶揄。

> 我忆君到此，不知狂与羞。一月一见君，三杯便回桡。
> 舍舟共连袂，行上南渡桥。兴发歌绿水，秦客为之摇。
> 鸡鸣复相招，清宴逸云霄。赠我数百字，字字凌风飙。
> 系之衣裘上，相忆每长谣。

这首诗，题目很长：《玩月金陵城西孙楚酒楼，达曙歌吹，日晚乘醉着紫绮裘、乌纱巾，与酒客数人棹歌秦淮，往石头访崔四侍御》。记录了他在秦淮河畔玩乐的情景。看似放荡不羁，其实是狂歌长醉，以遣无力挽狂澜的悲愤。

事实上，他比谁都清醒。政治的黑暗，到最后必然是国势衰败，百姓流离。他叹息，奸佞当道，山雨欲来，大唐皇帝还在石榴裙下醉眼迷离。渐渐地，李白从一个狂士变成了一个战士。他的诗，讽喻和指斥不再隐晦，越来越明显和直接。

他发誓，绝不与权臣同流合污，也不再事奉昏庸帝王。

昏暗无光的岁月里，他要傲然耸立，孤火独明。

天宝八年（749）六月，哥舒翰率六万大军攻打石堡城，虽然强行攻取，却造成石堡城下血流成河的惨象。如此穷兵黩武，李白无比忧愤，却无处言说。

这年冬天，金陵大雪。王十二雪夜独酌，念及李白，以诗相赠。李白见诗，也以诗酬答，回了首《答王十二寒夜独酌有怀》，表达了自己对政局的失望，以及于浊世独守高清之心怀。

> 昨夜吴中雪，子猷佳兴发。
> 万里浮云卷碧山，青天中道流孤月。孤月沧浪河汉清，北斗错落长庚明。怀余对酒夜霜白，玉床金井冰峥嵘。人生飘忽百年内，且须酣畅

万古情。君不能狸膏金距学斗鸡,坐令鼻息吹虹霓。君不能学哥舒,横行青海夜带刀,西屠石堡取紫袍。吟诗作赋北窗里,万言不直一杯水。世人闻此皆掉头,有如东风射马耳。

鱼目亦笑我,谓与明月同。

骅骝拳跼不能食,蹇驴得志鸣春风。折杨黄华合流俗,晋君听琴枉清角。巴人谁肯和阳春,楚地犹来贱奇璞。黄金散尽交不成,白首为儒身被轻。一谈一笑失颜色,苍蝇贝锦喧谤声。曾参岂是杀人者?谗言三及慈母惊。与君论心握君手,荣辱于余亦何有?孔圣犹闻伤凤麟,董龙更是何鸡狗!一生傲岸苦不谐,恩疏媒劳志多乖。严陵高揖汉天子,何必长剑拄颐事玉阶。

达亦不足贵,穷亦不足悲。韩信羞将绛灌比,祢衡耻逐屠沽儿。君不见李北海,英风豪气今何在!君不见裴尚书,土坟三尺蒿棘居!少年早欲五湖去,见此弥将钟鼎疏。

那时的大唐,在政坛飞扬跋扈的,斗鸡走狗者有之,颠倒黑白者有之,穷兵黩武者有之,真正的志士才子被弃草野,甚至惨遭屠戮。比如李邕,比如裴敦复,比如韦坚。这样的现实,让李白悲愤难当。在这首诗里,他不仅抨击了斗鸡走狗者以及哥舒翰之辈,也指责了宠信他们的唐玄宗。

北岛《回答》中这样写道:"卑鄙是卑鄙者的通行证,高尚是高尚者的墓志铭。"如今的朝廷,卑劣之人翻云覆雨,高尚之人难见天日,最好的结果不过是独善其身,安守孤清。对于黑白不分、忠奸不辨的朝廷,李白既感无奈,又忍不住嘲讽。他说,良驹难有作为,瘸腿驴却春风得意。

最后,李白表明了自己的态度:达也不足贵,穷亦不足悲。意思是,既然官场如此黑暗,不入仕途也就没什么好悲伤的。何况,在李林甫的屠刀下,李北海当年的作风和气度已荡然无存,裴尚书的坟头已长满青草。鬼蜮横行的大唐朝廷,已配不上正直与贤良。在控诉李林甫之流迫害贤能的同时，他也说明了自己的选择。

那便是：退居林下，浪迹江湖。

本就傲岸不屈，既然生不逢时，何必纠结于贫富穷达。

他是卓然不群、襟怀磊落的李白，自然不愿寄身群丑之间。

合了流俗，不免失去澄澈的自己。古今如此。

南风吹归心

一念之间，可以生，可以死。

那样阴沉的岁月，片语只言都可能带来灭顶之灾。

政治斗争永远是血腥的，也是超乎正常人性规则的。

李白何尝不知道，在奸宄们飞扬跋扈、屠刀四起的当时，没有立场，沉默不语，是最安全的处世方式。但他做不到。他以诗人的方式，下笔如刀，直斥当朝统治者。他坚定地表示，不与当权者们为伍，立在冷风之中，凛然而倔强。那是金刚怒目式的李白。正如鲁迅所言："真的猛士，敢于直面惨淡的人生，敢于正视淋漓的鲜血。"

但亦如鲁迅所言，"造化又常常为庸人设计，以时间的流驶，来洗涤旧迹，仅使留下淡红的血色和微漠的悲哀。在这淡红的血色和微漠的悲哀中，又给人暂得偷生，维持着这似人非人的世界。我不知道这样的世界何时是一个尽头！"

的确，那时的大唐帝国，也是个似人非人的世界。

无数人气息奄奄，少数人以瘦弱肩膀，扛着几许正气。

那几年，李白大部分时间在金陵，不过也曾前往扬州江阳县、庐江、舒州等地寻访古迹，写有《叙旧赠江阳宰陆调》《寄上吴王三首》等诗。期间，隐居舒州皖水之滨，写有《避地司空原言怀》《瀑布》等六首诗，并题刻于二祖寺石壁上。

> 淮王爱八公，携手绿云中。小子忝枝叶，亦攀丹桂丛。
> 谬以词赋重，而将枚马同。何日背淮水，东之观土风。
> 坐啸庐江静，闲闻进玉觞。去时无一物，东壁挂胡床。
> 英明庐江守，声誉广平籍。洒扫黄金台，招邀青云客。
> 客曾与天通，出入清禁中。襄王怜宋玉，愿入兰台宫。

其实，身在金陵，李白的日子并不惬意。

秀色江南，烟柳画舫，都遣不走凌乱世事带给他的哀愁。

而且，与家人远隔两地，日子久了难免孤独。

天宝八年（749），李白在金陵思念子女，写有《寄东鲁二稚子》。其后，好友萧三十一自金陵归鲁中，李白为其送行，又起思子之情，写有《送萧三十一之鲁中兼问稚子伯禽》一首。

> 南风吹归心，飞堕酒楼前。楼东一株桃，枝叶拂青烟。
> 此树我所种，别来向三年。桃今与楼齐，我行尚未旋。
> 娇女字平阳，折花倚桃边。折花不见我，泪下如流泉。
> 小儿名伯禽，与姊亦齐肩。双行桃树下，抚背复谁怜？
> 念此失次第，肝肠日忧煎。裂素写远意，因之汶阳川。

> 六月南风吹白沙，吴牛喘月气成霞。
> 水国郁蒸不可处，时炎道远无行车。
> 夫子如何涉江路，云帆袅袅金陵去。

> 高堂倚门望伯鱼，鲁中正是趋庭处。
> 我家寄在沙丘傍，三年不归空断肠。
> 君行既识伯禽子，应驾小车骑白羊。

三年，南北相隔，想来总是断肠滋味。

平阳和伯禽，想必长大不少，他却错过了那些成长。

那三年，他们的欢喜悲伤，他都不曾分享和分担。

想必，每每忆起子女，他总会恨自己，这个父亲做得很不合格。这两首诗，就像两封家书，由眼前景，遥及寄居东鲁的儿女，语言素朴，笔触细腻，感情真挚。看看他对萧三十一说的话：你是认识我家伯禽的，得空去看看他，这小子应该可以驾着白羊拉的小车到处溜达了。旷逸如李白，难得有这样细腻温柔的时候。

所谓侠骨柔情，大概就是这样。

再坚强再决绝的人，心中也总有柔软之处。

纵然雪满人间，那里始终青草离离。

在正义之前，李白是冷傲倔强的斗士；在儿女面前，他只是个慈祥的父亲。天宝九年（750），李白离开金陵，回到了东鲁。几年漂泊后，再次体会到了子女绕膝的欢喜。只有在这样久别后团聚的时刻，人们才会明白，世间最重要的，不是功名，不是利禄，而是这简单而踏实的快乐。

龙应台说，幸福就是，寻常的日子依旧。

懂得生活的人，不会刻意求高远，而是种快乐于脚下。

在东鲁，李白为当地写了《任城县厅壁记》、《崇明寺佛顶尊胜陀罗尼幢颂并序》。这年秋天，他前往石门山寻访隐居于此的老友元丹丘。石门山位于河南叶县城西南三十多公里处，原名龙门山，因山有二峰对峙，状如石门，故得名。

石门山中曾经建有二贤祠。二贤指的是高凤和牛凤。高凤是东汉名儒,《后汉书》记载:"高凤,字文通,南阳人也。少为书生,家以农亩为业,而专精诵读,昼夜不息。妻常之田,曝麦于庭,令凤护鸡。时天暴雨,而凤持竿诵经,不觉潦水流麦。妻还怪问,凤方悟之。"牛凤曾为明朝南京太常寺卿,因慕高凤品学,袭名"凤"字。

高凤在历史上广受高人隐士推崇,他的归隐之地自然也吸引了不少人士追随,其中就包括元丹丘。李白到访,虽不曾约定,元丹丘并不觉得唐突。对他来说,李白造访,从来都不算侵扰。他虽喜欢清静,但是门扉始终为李白开着。这次寻访,李白有诗《寻高凤石门山中元丹丘》为记。

寻幽无前期,乘兴不觉远。苍崖渺难涉,白日忽欲晚。
未穷三四山,已历千万转。寂寂闻猿愁,行行见云收。
高松来好月,空谷宜清秋。溪深古雪在,石断寒泉流。
峰峦秀中天,登眺不可尽。丹丘遥相呼,顾我忽而哂。
遂造穷谷间,始知静者闲。留欢达永夜,清晓方言还。

远远的,隔山相呼,两个人便大笑了起来。

故友重逢,秉烛夜谈,直到拂晓才挥手作别。

荒年冷月,这些至交好友,永远是李白的山水田园。

我在想,若寻访元丹丘而不遇,李白是怅然而去,还是如王徽之那样,虽然不遇,却能够洒脱地说:乘兴而来,尽兴而去。

天宝十年(751)春,李白重游梁园,并在这里娶宗楚客的孙女为妻。宗楚客是武则天从姊之子,曾在武周和唐中宗时期三次拜相。这是李白第二次正式婚姻，仍是入赘，但他毫不在意。宗夫人温柔贤惠，而且也是好道之人，与李白可谓志同道合。

关于这段婚姻，后来人们杜撰出了一段佳话。

故事的情节是这样的：李白酒醉梁园，诗兴大起，挥笔在墙上写下了那首著名的《梁园吟》，然后便带着醉意离开了。不久后，宗氏和仆人来到这里，看见墙上的诗，对其诗意和字迹都十分欣赏。恰好此时，梁园的人要将诗擦掉，宗氏便花千金买下了那面墙壁。

这就是"千金买壁"的典故。虽是杜撰，但故事所含的文学意味还是让人愉悦。知道的是，宗夫人与李白很恩爱，那些坎坷岁月，宗夫人始终不离不弃。在李白因李璘案下狱后，宗夫人曾拼力施救。李白也曾作诗《自代内赠》表达对她的思念。

当然，李白并未将自己拘束在安逸的家庭幸福之中。外面的世界，他始终关注着。只是，越关注越难过。朝堂之上，李林甫、杨国忠等人还在把控朝政。大唐边境，也因统治者的穷兵黩武而烽火不熄。边疆战争频繁，不仅耗费了巨大的人力物力，而且，在战争发生的地方，必然是苍生罹祸，流离失所。

天宝六年，高仙芝远征吐蕃，长途跋涉，与吐蕃会战于连云堡；天宝八年，哥舒翰强攻吐蕃石堡城，唐军伤亡数万人，战后尸横遍野；天宝九年，杨国忠推荐鲜于仲通担任剑南节度使，次年四月，后者发兵八万征讨南诏，南诏王阁罗凤求和，鲜于仲通不同意，双方展开恶战，结果唐军大败，折损数万人。

杨国忠不仅隐瞒了败绩，还在两京与河南、河北等地强行募兵，百姓不同意，他就派御史捕人，戴上枷锁送往军所，征兵之地怨声载道。对此，李白极为愤慨，他写了首《古风》，对穷兵黩武进行了血泪的批判与控诉。

羽檄如流星。虎符合专城。喧呼救边急。群鸟皆夜鸣。
白日曜紫微。三公运权衡。天地皆得一。澹然四海清。
借问此何为。答言楚征兵。渡泸及五月。将赴云南征。
怯卒非战士。炎方难远行。长号别严亲。日月惨光晶。
泣尽继以血。心摧两无声。困兽当猛虎。穷鱼饵奔鲸。
千去不一回。投躯岂全生。如何舞干戚。一使有苗平。

他说，远征南方瘴疠之地，本就艰难。

更何况上战场的是强征来的兵丁，无异于驱民于虎口。

诗的最后，用舜的典故，披露全诗主旨。据《帝王世纪》记载，舜的时候，有苗氏不服，禹请发兵征讨，舜却用修文德的办法使有苗氏诚心归顺。三千年后，文德早已不见，大唐的决策者们，只剩不顾苍生死活，滥用武力的丑陋面孔。

下笔的时候，既愤怒，又心痛。

那些莫名被赶上战场的生命，十有八九有去无回。

还有战火下的万千黎民，纵不无辜丧生，也是难有宁日。

只可惜，他的呼吁和怒斥，少有人听见。

长剑在手，剑气很凉。凉不过岁月。

第六卷：乱世漂泊

以痴迷之笔，画秀水青山，以为可以醉卧山水之间。
但是往往，现实只给我们荒草孤城、长风万里。
何不浊酒一杯，看大漠孤烟、长河落日。

幽州之行

岁月之上，走着走着，花开了，又谢了。

独立伫望，关河萧索，尽是沧海桑田的痕迹。

流浪或飞扬，我们终会落定如尘。将自己，还给岁月。

而岁月，给我们一段过往，或清晰，或模糊，或激烈，或低沉。人们称之为故事。其实，不过是兜兜转转，于离合聚散之间，踩碎从前，踩碎曾经的自己，留下的印记。

李白又上路了。天宝十年（751），他收到友人何昌浩的邀请，决定北上幽州，入幕边军，建功立业。年轻时他曾发誓书剑许明时，如今年过半百，事无所成，于是决定投笔从戎，以此实现平生抱负。

从天宝三年到天宝十年，李白的游历踪迹遍及河南、山东、安徽、江苏、浙江等地，主要是借游山玩水、寻仙访道来释去内心的痛苦，也不乏寻找政治机遇的愿望。然而，当时的昏暗政局下，他想再次进入长安觐见玄宗机会渺茫。思来想去，前往边塞从军倒不失为一条济世途经。这其实也是盛唐许多文人谋求仕途、实现政治理想的一个重要途径。

李白写了首诗《赠何七判官昌浩》，不久就出发了。

有时忽惆怅，匡坐至夜分。平明空啸咤，思欲解世纷。
心随长风去，吹散万里云。羞作济南生，九十诵古文。
不然拂剑起，沙漠收奇勋。老死阡陌间，何因扬清芬。
夫子今管乐，英才冠三军。终与同出处，岂将沮溺群。

拂剑大漠，心随长风。

他要以剑气，挥开万里乌云。

纵然殒身疆场，至少比老死阡陌间来得痛快。

这年冬天，李白出发北上。路过汴梁时，遇见了朋友于逖和裴十三。此二人仕途不得志，赋闲在此，为文度日。他们知道，幽州已是虎狼啸聚的险境，劝李白慎重考虑。然而李白还是决定毅然前行。临别时以诗相赠，诗中这样写道：且探虎穴向沙漠，鸣鞭走马凌黄河。很坚决，很倔强。

天宝十一年（752），李白来到了广平郡（即洺州）。他在邯郸、清漳、临洺等地盘桓多日，会友访胜，还曾在邯郸地方官的陪同下登临洪波台，观看军事演习。事后写了首《登邯郸洪波台置酒观发兵》。

诗中他说，天狼正可射，感激无时闲。

带着这样的豪气，李白来到了幽州。

然而，眼前所见让他既揪心又不安。揪心的是，频繁的战事让黎民百姓苦不堪言；不安的是，备受倚赖的安禄山正在厉兵秣马，其狼子野心可谓尽人皆知。后来，李白在诗中记录了当时的心情。

十月到幽州，戈鋋若罗星。君王弃北海，扫地借长鲸。
呼吸走百川，燕然可摧倾。心知不得语，却欲栖蓬瀛。
弯弧惧天狼，挟矢不敢张。揽涕黄金台，呼天哭昭王。
无人贵骏骨，绿耳空腾骧。乐毅倘再生，于今亦奔亡。

眼见安禄山有谋逆之心，却苦于没有进谏圣上的机会。他说：遥想燕昭王重用贤臣良将，而如今，纵有千里马，怕也是无人顾念。即使是乐毅再生，或许也会被弃荒野。他显然无比悲愤。

安禄山本名轧荦山。父亲是胡人，母亲是突厥人。他儿时丧父，随母亲在突厥族里生活。长大成人后，通晓六国语言，狡黠奸诈，凶狠毒辣，善揣人意。

开元二十年（732），张守珪任幽州节度使，将安禄山招至麾下，因其骁勇，又收其为义子。开元二十八年（740），安禄山任平卢兵马使。因善于钻营，朝廷授予他营州都督、平卢军使官衔。他用厚礼贿赂往来官员，要求在朝廷为他多说好话。又因李林甫在玄宗面前对他赞赏有加，玄宗对他很是信任。

天宝元年（742），唐玄宗在平卢设置节度，安禄山为节度使，代理御史中丞。此后便可入朝上奏议事。后来安禄山请求当了杨贵妃的养子，玄宗更加宠信和倚赖他。天宝三年（744），安禄山兼范阳节度使；天宝九年（750），兼河北采访处置使；天宝十年兼河东节度使，成为全国拥军最多的节度使。

那时候，安禄山掌管三大军区，统辖华北、东北大部，拥有兵力占大唐十大节度使总兵力的百分之四十左右。安禄山的子嗣也受到了重用,长子安庆宗任太仆卿,幼子安庆绪任鸿胪卿,安庆宗还娶了皇太子的女儿为妻。

尽管受皇家如此厚遇,安禄山却并未安心保境安民。他不仅好大喜功,故意向契丹等民族挑起战端,以获取军功好向朝廷邀宠;而且,明修栈道,暗度陈仓,在自己的控制范围内不断扩充兵力,伺机叛乱,图谋大唐江山。

关键是,唐玄宗对安禄山十分信任,绝不相信他有谋逆之心。甚至,有人若是告发安禄山,就会被玄宗送到安禄山处任其处置。这就使得安禄山变本加厉,气焰越来越嚣张。李白在幽州停留数月,对于这些情况了解得很清楚。遗憾的是,他有匡世之心,却无辅君之门。

烛龙栖寒门,光曜犹旦开。
日月照之何不及此?惟有北风号怒天上来。
燕山雪花大如席,片片吹落轩辕台。
幽州思妇十二月,停歌罢笑双蛾摧。
倚门望行人,念君长城苦寒良可哀。
别时提剑救边去,遗此虎文金鞞靫。
中有一双白羽箭,蜘蛛结网生尘埃。
箭空在,人今战死不复回。
不忍见此物,焚之已成灰。
黄河捧土尚可塞,北风雨雪恨难裁。

漫天的飞雪,遮盖了轩辕台。

北风肆虐,吹得岁月凌乱。大唐江山,隐约中已是风雨飘摇。

如今的大唐天下,内有权臣只手遮天,翻云覆雨;外有边将拥兵自重,觊觎天下,而天子还在尽情欢娱。李白忧心如焚,却毫无办法。满腔的报国之情,终不能上达天听。

他的剑,纵有长虹之气,也划不破暗夜。

只有诗,凛冽着,愤怒着,在北风里飘荡无踪。

李白知道,幽州非久留之地。投笔从戎,来错了地方。于是,这年岁末,他离开幽州回到了梁宋。这年冬天,李林甫病故。杨国忠为左相,权倾朝野,继续着李林甫的倒行逆施。而唐玄宗,还在温柔乡里醉生梦死。

有心济世,无力杀贼。

李白能做的,只有觅个地方,独善其身。

天宝十二年(753),带着沉重的叹息,李白南下宣城。

不过,尽管对朝廷失望至极,他还是写了首《远别离》,借古喻今,希望能唤醒迷醉中的唐玄宗。写完,悲伤地搁笔,像是留给大唐王朝的挽歌。

远别离,古有皇英之二女,乃在洞庭之南,潇湘之浦。
海水直下万里深,谁人不言此离苦?
日惨惨兮云冥冥,猩猩啼烟兮鬼啸雨。
我纵言之将何补?皇穹窃恐不照余之忠诚,雷凭凭兮欲吼怒。
尧舜当之亦禅禹。君失臣兮龙为鱼,权归臣兮鼠变虎。
或云:尧幽囚,舜野死。
九疑联绵皆相似,重瞳孤坟竟何是?
帝子泣兮绿云间,随风波兮去无还。
恸哭兮远望,见苍梧之深山。
苍梧山崩湘水绝,竹上之泪乃可灭。

尧帝将两个女儿娥皇和女英嫁给了舜。舜晚年南巡,死于苍梧之野。娥皇和女英寻到了洞庭湖南边的潇水和湘水之间,每日望着苍梧方向痛哭,泪染青竹,竹上生斑,于是有了湘妃竹。最后,泪水流尽,二妃投湘水而逝。

遥遥望去，大唐万里江山，云天晦暗，日光黯淡。帝王观人不明，以至于奸邪当道，国运堪忧。长此以往，风雨凄凄之日，大厦必将倾颓。那时候，恐怕会重演几千年前生离死别的悲剧。

他虽没有明言，但意思很明白。可惜，就像他说的"我纵言之将何补"，不管他有怎样力挽狂澜的心愿，终究无人听到。即使冒死谏言，也只会招来杀身之祸。

元代萧士赟认为玄宗晚年贪图享乐，荒废朝政，把政事交给李林甫、杨国忠，边防交给安禄山、哥舒翰，"太白熟观时事，欲言则惧祸及己，不得已而形之诗，聊以致其爱君忧国之志。所谓皇英之事，特借指耳。"看来的确如此。

几年以后，在马嵬坡，杨玉环惨死。

很不幸，被李白言中。那的确是一出远别离的悲剧。

而现在，擅权的还在擅权，觊觎的还在觊觎。

君王与妃子，还是你侬我侬的模样。

相看两不厌，只有敬亭山

人生如寄，岁月如霜。

一程的山水，就有一段悲欢离合。

世事无常，我们只能随遇而安。有风便临风长啸，有月便对月独酌；有疆场便跃马扬鞭，有秋水便泛舟湖上。世间没有完满，有的是，水流花谢，时过境迁。

所有的执念，都比不过，行到水穷，坐看云起。

李白的人生，几乎是在失意中度过的。他以浪漫笔意画下的人生蓝图，被世事无情践踏，留下了横七竖八的脚印和叹息。到最后，朝廷里奸佞肆意妄为，大唐天子醉生梦死，江山社稷危在旦夕，他的理想只剩方寸之间的寥落灯火。

但日子还得继续，他还得继续浪迹人间。

活在人间，就要学会以随缘之心，穿越暗夜和荒原。

天宝十二年秋，李白离开梁园，南下宣城。途中，他因事折向曹南（今山东曹县），在那里停留数日。离开时，当地官吏为他践行，他赋诗以赠。

仙宫两无从，人间久摧藏。范蠡脱勾践，屈平去怀王。
飘飘紫霞心，流浪忆江乡。愁为万里别，复此一衔觞。
淮水帝王州，金陵绕丹阳。楼台照海色，衣马摇川光。
及此北望君，相思泪成行。朝云落梦渚，瑶草空高堂。
帝子隔洞庭，青枫满潇湘。怀君路绵邈，览古情凄凉。
登岳眺百川，杳然万恨长。知恋峨眉去，弄景偶骑羊。

如人们所言，人生真是一场修行。

五十三岁的李白，鬓发如霜，仍旧在途中踯躅。

理想与抱负，已然成空。国事民生堪忧，君王昏聩荒淫，可他无处言说。他只是一介布衣。事实上，即使是被召入京看似风光的那段时间，他也只是个侍弄风月、粉饰太平的御用文人。胸中丘壑、经纬之才，被弃于荒野。如今更是如此。

于是，他只能带着叹息，和失望的自己，归隐林下。

此后，身在南方，遥望长安，只有无声的泪水。

那是为大唐，为曾经的开元盛世而流的。

现在，李白来到了宣城，栖身敬亭山下，算是闲居，但其哀愁从未散去。敬亭山位于宣城北郊，原名昭亭山，晋初为避帝讳，易名敬亭山。山虽不高，但远看满目清翠，云漫雾绕，犹如猛虎卧伏；近观林壑幽深，泉水淙淙，显得格外灵秀。

南齐谢朓任宣城太守时，曾有诗《游敬亭山》，其中写道："兹山亘百里，合沓与云齐。"李白又于此留诗《独坐敬亭山》，使得敬亭山声名鹊起。

自李白之后，白居易、杜牧、韩愈、刘禹锡、李商隐、韦应物、苏东坡、梅尧臣、汤显祖等文人都曾慕名登临，吟诗作赋，绘画写记，清朝画僧人石涛更是驻锡于敬亭山脚下的广教寺，以敬亭风光为背景，留下传世名作《石涛罗汉百开册页》。中国历代吟颂敬亭山的诗、文、词、画数以千计，敬亭山遂被称为"江南诗山"。

李白对谢朓非常仰慕，因此栖居于此，也算了了一桩心愿。这天，他独登敬亭山，忆起被贬湘阴的老友崔成甫，赋诗《游敬亭山寄崔侍御》：

我家敬亭下，辄继谢公作。相去数百年，风期宛如昨。
登高素秋月，下望青山郭。俯视鸳鹭群，饮啄自鸣跃。
夫子虽蹭蹬，瑶台雪中鹤。独立窥浮云，其心在寥廓。
时来顾我笑，一饭葵与藿。世路如秋风，相逢尽萧索。
腰间玉具剑，意许无遗诺。壮士不可轻，相期在云阁。

世路如秋风。多年以后，眼中的世界是这样。

纳兰容若说，人间所事堪惆怅。也是李白的叹息。

他说壮士不可轻，到底还是少了些气力。

除了崔成甫，他还诗寄王昌龄。这一年，王昌龄由江宁丞被贬为龙标县尉。龙标为古地名，今湖南省黔阳县。李白写诗以赠，题为《闻王昌龄左迁龙标遥有此寄》。

杨花落尽子规啼，闻道龙标过五溪。
我寄愁心与明月，随风直到夜郎西。

汉代中国西南地区少数民族曾在今贵州西部、北部和云南东北部及四川南部部分地区建立过政权，称为夜郎。唐代在今贵州桐梓和湖南沅陵等地设过夜郎县。这里指湖南的夜郎（今新晃侗族自治县境，与黔阳邻近）。

人隔两地，难以相从。只有将愁心托之于明月，随风飘到老友身边。

可惜，明月分照两地，知己终究人隔千里。尽是天涯沦落之人。

敬亭山下，日子无声。李白只有孤独的自己。

和露摘黄花，煮酒烧红叶，也没有兴致。

落笔成诗，一纸寂寥。

众鸟高飞尽，孤云独去闲。
相看两不厌，只有敬亭山。

众鸟飞尽，孤云独去。只有敬亭山，与这孤独的诗人，相看不厌。此情此景，大有柳河东孤舟蓑笠独钓江雪的孤冷。云去云来，本是寻常。但是孤寂之时，看闲云自去，便像是好友不告而别，将空荡荡的世界留给自己。

因为这首诗，有人杜撰出一段绯色故事。大概是说：李白与玉真公主一见钟情，多年后仍然藕断丝连。玉真公主向兄长唐玄宗推荐了李白，李白因此有机会进入宫廷，可惜并未得到重用。为此，玉真公主还曾与玄宗发生争执。后来，玉真公主在敬亭山修道，李白便来到宣城，隐于敬亭山下，并写下了"相看两不厌，只有敬亭山"的句子。

故事编得像模像样，似乎也符合李白旷世才子的身份。然而，历史上的李白与玉真公主，仅仅有过推荐入朝这样的交集。情爱之事，纯属子虚乌有。

据学者丁放和袁行霈的考证，玉真公主生于周武则天如意元年(692)，卒于代宗宝应元年(762)。也就是说，玉真公主比李白年长九岁。李白初入长安是开元十八年（730），彼时李白三十岁，玉真公主三十九岁。李白被张垍安置在终南山玉真公主别馆。假如那时他已见到玉真公主，并且彼此钟情，秋雨连绵、百无聊赖之时，也就无需寄诗给张垍求助，玉真公主也就不会在十余年后才向玄宗推荐李白。

天宝元年，李白再入长安，他们大概是见过的。但此时，不惑之年的李白，遇见年过半百的玉真公主，实在难有情爱之事发生，更谈不上浪漫。

另外，玉真公主晚年在王屋山修道，并非敬亭山。天宝初年，玉真公主选定王屋山作为晚年修道之地，唐玄宗便在这里修建了灵都宫。《明一统志》记载："灵都宫，在济源县西三十里尚书谷，唐玉真公主升仙处。天宝间建，元至元间重修，有碑。" 济源的地方志也记载：玉真公主晚年在王屋玉阳山灵都观，以"柴门栝亭，竹径茅室"为依托，修真十八载，于宝应元年仙逝。

总之，玉真公主未在敬亭山修道。李白与她，并无情感纠葛。

那些日子，与李白相看不厌的，只有那座孤零零的山。

偶尔，他也会登临陵阳山，在谢朓楼上极目远眺。

江城如画里，山晚望晴空。
两水夹明镜，双桥落彩虹。
人烟寒橘柚，秋色老梧桐。
谁念北楼上，临风怀谢公。

后来，李白族叔、监察御史李云出使东南，路过宣城。李白与他同登谢朓楼，把酒话别。感慨于世事沧桑，李白写下了著名的《宣州谢朓楼饯别校书叔云》：

弃我去者，昨日之日不可留；
乱我心者，今日之日多烦忧。
长风万里送秋雁，对此可以酣高楼。
蓬莱文章建安骨，中间小谢又清发。
俱怀逸兴壮思飞，欲上青天览明月。
抽刀断水水更流，举杯消愁愁更愁。
人生在世不称意，明朝散发弄扁舟。

对酒当歌，人生几何。譬如朝露，去日苦多。
在时光面前，再豪迈的人，也会发出这样的感叹。
不知不觉，年华渐老，聚散如昨。蓦然回首，消逝的岁月尽是蹉跎。
李白有足够的理由烦忧。自天宝三年离开长安后，他漫游黄河上下，辗转大江南北，却未寻得任何机遇。相反，他看到的是，玄宗的麻木与庸碌，权臣的跋扈与嚣张，还有安禄山昭然若揭的谋反动机。如今他的烦忧，不为个人得失，而是为家国社稷将会面临的祸患，和黎民百姓将会面对的涂炭而生。

这是心系天下存亡却无所作为的烦忧。

这烦忧不止属于他,也属于普天之下报国无门的豪杰之士。

既然如此烦忧,无处排遣,不如在这天高云淡的秋日,乘着万里长风,望着远去的大雁,痛饮长歌。至少他还有风骨独具的诗章,兴酣落笔摇五岳,诗成啸傲凌沧海;至少他还能借着酒意,揽月游天。

只是,酒醒之时,现实仍旧荒凉。

纵有三尺宝刀,也砍不断滚滚长江水。忧愁亦如江水。

既然如此,不如披散长发,一叶扁舟,将自己流放。

遥传一掬泪

就世俗对于成功的定义而言,李白的人生不算成功。

但那又怎样?旷逸不羁,诗酒纵横,他活出了自己的姿态。

功名未就,但他仰天长啸的模样,被羡慕了千年。自然,枕着寂寞与哀愁写就的诗,也被吟唱了千年。于是,流浪与哀愁,也带着几分诗意。

路还在那里,等着他清癯而放旷的身影。

然后,他果然上路了。满袖清风,一怀愁绪。

天宝十三年(754)春,李白离开宣城,前往金陵。想起曾任江宁丞,被贬龙标的好友王昌龄,些许感伤。他参加了江宁令杨利物于北湖举办的春日官宴,并作诗《春日陪杨江宁及诸官宴北湖感古作》。

昔闻颜光禄,攀龙宴京湖。楼船入天镜,帐殿开云衢。
君王歌大风,如乐丰沛都。延年献佳作,邈与诗人俱。

> 我来不及此，独立钟山孤。杨宰穆清风，芳声腾海隅。
> 英僚满四座，粲若琼林敷。鹢首弄倒景，蛾眉缀明珠。
> 新弦采梨园，古舞娇吴歈。曲度绕云汉，听者皆欢娱。
> 鸡栖何嘈嘈，沿月沸笙竽。古之帝宫苑，今乃人樵苏。
> 感此劝一觞，愿君覆瓢壶。荣盛当作乐，无令后贤吁。

李善《文选注》：乐游苑，晋时药圃，元嘉中筑堤壅水，名为北湖。《六朝事迹》记载：晋元帝大兴三年，始创为北湖，筑长堤以遏北山之水。东至覆舟山，西至宣武城。

歌台舞榭，把盏尽欢。虽是应景之作，他还是在狂欢之中，看到了盛筵背后的荒凉。他说，"古之帝宫苑，今乃人樵苏"。也就是说，这里曾是帝王宫苑，如今却是渔樵往来之地。历史的真实就是这样，恢弘与繁盛，终会烟消云散。金陵，曾经风华无双，可是多年以后，风流已远，王气不见，只剩日光下的一抹尘埃。

宋陈与义在词中写道："古今多少事，渔唱起三更。"许多人和事，曾经让人仰视和惊叹，多年后不过是渔樵笑谈。市井人家，寻常百姓，说起曾经的王侯将相，兴许也会带着几分嘲讽。

大唐王朝，李白亲眼目睹其盛极之时。可现在，风雨渐近，大厦将倾。想象着庙堂倾颓、百姓流离的惨象，想象着多年后百姓说起开元盛世时淡然的模样，李白忍不住感慨。可也没办法，岁月轮回，世事变幻，他无能为力。

那么，且在这凄迷的夜晚，忘却浮沉悲喜，尽情狂欢。

直到酒尽歌残，直到听见盛世的悲鸣。

离开金陵后，李白来到了扬州。

在那里，他遇见了追寻他几千里的魏颢。魏颢即魏万，以奇才自负，爱文好古，隐居于王屋山，自号王屋山人。关于魏颢，诗人李颀有首《送魏万之京》，其中有两句为世人熟知：莫见长安行乐处，空令岁月易蹉跎。魏颢对李白非常仰慕，为了寻访李白，从梁宋到东鲁，再到吴越各地，历时大半年，跋涉三千多里，终于在扬州得见。

李白与魏颢，皆是狂放傲岸之人，性格十分投契，因此成了忘年之交。扬州城里，他们把酒放歌，意兴盎然。魏颢虽自负，却也不是浪得虚名，李白称他"尔后必著大名于天下"，还将自己的文稿交与魏颢，让他编辑成集。临别时，李白写了长诗《送王屋山人还王屋并序》，详细记述了魏颢千里寻访的经历，勾勒出了云水江南的飘逸模样。当然，其中也不乏依依惜别之情。

相逢乐无限，水石日在眼。徒干五诸侯，不致百金产。
吾友扬子云，弦歌播清芬。虽为江宁宰，好与山公群。
乘兴但一行，且知我爱君。君来几何时，仙台应有期。
东窗绿玉树，定长三五枝。至今天坛人，当笑尔归迟。
我苦惜远别，茫然使心悲。黄河若不断，白首长相思。

魏颢也有首诗《金陵酬翰林谪仙子》，记述了此番相逢，以及惺惺相惜之意。其中这样写道："二山信为美，王屋人相待。应为歧路多，不知岁寒在。君游早晚还，勿久风尘间。此别未远别，秋期到仙山。"很可惜，此别之后，他们未再见面。

同游扬州时，魏颢告诉李白，晁衡在归国途中不幸遇难了。晁衡即阿倍仲麻吕，日本奈良时代的遣唐留学生之一，开元年间参加科举，高中进士。在唐半个世纪，历仕玄宗、肃宗、代宗三代皇帝，备受厚遇，官至客卿，荣达公爵。曾历任卫尉少卿、秘书监兼卫尉卿，肃宗时擢左散骑常侍兼安南都护。

晁衡不仅学识渊博，才华过人，而且性格豪爽，交游广泛，与李白、王维、储光羲等人皆有密切交往。李白在翰林院时，结识了晁衡，有诗酒之谊。天宝十二年，晁衡随同日本遣唐使团乘船归国，途中遭遇风暴，当时皆传闻他已罹难。闻此噩耗，李白十分悲痛，挥泪写下了《哭晁卿衡》：

日本晁卿辞帝都，征帆一片绕蓬壶。
明月不归沉碧海，白云愁色满苍梧。

他把晁衡比作洁白如碧的明月，把他的死，比作明月沉碧海。因为是明月沉碧海，所以天愁人哭，万里长空的白云，刹时间也变得灰暗阴沉，一片愁色笼罩着天地人间。

印象中的李白，是不羁放纵、笑对红尘的。

但同时，他也是至情至性的。朋友罹难，他也会痛彻心扉。

不过，晁衡其实并没有死。他所乘的船与别的船失散，漂泊至安南，他幸免于难。后来，他辗转回到了长安，看到李白为他写的诗，百感交集，当即写了首《望乡》。李白落寞的人生，他感同身受，也为其悲伤。

卅年长安住，归不到蓬壶。一片望乡情，尽付水天处。
魂兮归来了，感君痛苦吾。我更为君哭，不得长安住。

这年秋天，李白来到秋浦县（今安徽贵池县）。秋浦城北瞰长江，南望九华山，是池州府所在地。在池州西南七十里的秋浦，长八十余里，阔三十里，四时景物，宛如潇湘洞庭，是当地著名的风景胜地。其中的秋浦河、清溪水风光旖旎，景色宜人。

秋浦河两岸有石城遗址、昭明钓台、仰天堂等古迹。流经矶滩乡兴隆村的河段，转了个两千米长的龙形大湾，被称为大龙湾。民间相传，此处有宝藏，获宝之法是：一口气读完湾里仙石岩上刻的一百个字，河水马上就会干涸，河底会现出宝藏钥匙，不过从来无人成功。有个得道和尚念至九十九个字时，河水干涸一半，出现一只巨大乌龟，他大惊之下未能一口气念完一百字。

在秋浦，李白停留多日，既为赏景，也为消愁。

他写了七十余首诗，其中就有著名的《秋浦歌十七首》。

秋浦长似秋，萧条使人愁。
客愁不可度，行上东大楼。
正西望长安，下见江水流。
寄言向江水，汝意忆侬不。
遥传一掬泪，为我达扬州。

白发三千丈，缘愁似个长。
不知明镜里，何处得秋霜。

有生之年，他永远做不到醉心山水。

尤其是现在，在预感到山河即将破碎的时候。

无论身在何处，他总会遥望长安。然后，黯然神伤，不能自已。

从前，他的愁绪大都为壮志难酬；现在，他之所以哀愁，是因为大唐河山摇摇欲坠。扬州是北上长安的必经之路，他要把忧国之泪寄往扬州，也就是寄往长安。泪虽一掬，却有着千钧之重。那是对江山社稷的深情。

愁生白发，莫过于伍子胥过昭关，一夜白头。而李白，劈空而来，说白发三千丈,可见他愁思深重。古诗里写愁的取譬很多。杜甫有诗云:"忧端如山来,顽洞不可掇";李颀诗云:"请量东海水,看取浅深愁。"

而李白的愁,就在镜中那一头白发上。如此浓愁,有他五十四年的郁郁不得志,有他"愿为辅弼,使寰区大定,海县清一"之雄心壮志的无处安置。但更多的,源于今时今日江山危在旦夕,天子无动于衷,而他又无能为力。

于是,揽镜自照,触目惊心,发出了白发三千丈的孤吟。

而我们,也看到了镜中他无比悲愤的模样。

山高水阔,一掬泪到不了长安。

独啸长风还

海明威说,人可以被毁灭,但不可以被打败。

李白便是如此。即使被现实无情践踏,他仍旧倔强地立着。

那是属于盛唐知识分子的不屈精神。

只可惜,现在的他,再倔强也只能眼睁睁地看着盛世华年碎落成尘。他很无奈,无力也无机会擎起将倾之大厦,救黎民于水火。所以,他只能到处走走,聊遣哀愁与愤懑。

离开秋浦,李白来到了南陵(今安徽铜陵)。临山近水,几分写意,几分烦忧。他喜欢这里的铜官山,写诗说"我爱铜官乐,千年未拟还"。

他曾三次登临五松山。五松山依江而立,绝顶处原有古松。《舆地纪胜》记载:"五松山,在铜陵县南,铜官山西南,山旧有松,一本五枝,苍鳞老干,翠色参天。"跃然登临,见长江蜿蜒,群峦逶迤。风乍起,松涛盈耳，盛夏不知暑。某日，陪南陵县丞登五松山，写了首《与南陵常赞府游五松山》：

> 安石泛溟渤，独啸长风还。逸韵动海上，高情出人间。
> 灵异可并迹，澹然与世闲。我来五松山，置酒穷跻攀。
> 征古绝遗老，因名五松山。五松何清幽，胜境美沃洲。
> 萧飒鸣洞壑，终年风雨秋。响入百泉去，听如三峡流。
> 剪竹扫天花，且从傲吏游。龙堂若可憩，吾欲归精修。

李白也曾夜宿山下农家。农家生活清苦,想着自己功名无望难以为报，对农妇端给他的饭菜，颇觉得受之有愧。在《宿五松山下荀媪家》一诗中他这样写道："我宿五松下，寂寥无所欢。田家秋作苦，邻女夜舂寒。跪进雕胡饭，月光明素盘。令人惭漂母，三谢不能餐。"为了纪念李白，五松山上曾建有太白楼，后毁于战火。

天宝十三年（754）六月，杨国忠命令留后、侍御史李宓率兵，再次攻打南诏，结果又遭惨败。加上天宝十年之大败，两次征讨折损士卒十余万人。此人专权误国，穷兵黩武，动辄对边境少数民族地区用兵，不仅使成千上万的无辜士卒暴尸边境,而且使许多地方田园荒芜,民不聊生。

身在南陵的李白，在与县丞饮酒时谈及此事，写了首《书怀赠南陵常赞府》，以无比的悲愤，对杨国忠的倒行逆施给予了抨击和批判。诗的最后他说："自顾无所用，辞家方来归。霜惊壮士发，泪满逐臣衣。以此不安席，蹉跎身世违。"

身在江湖，人微言轻。

朝野社稷之事，再荒唐他也只能以诗讨伐罢了。

世事混乱，他能做的，只有守好自己的清白与明澈。

天宝十三年深秋，应好友青阳县令韦仲堪之邀，李白前往登临九华山。

九华山，古称陵阳山、九子山，位于安徽省青阳县境内，素有"东南第一山"之称。北俯长江，南望黄山，东临太平湖，西接池阳，绵亘百余里，连绵起伏，奇秀非凡。东晋末至中唐之前，九华山是道家修真的七十二福地中的第三十九地，葛洪在内的许多高道曾在此修炼。如今，山上还有"真人峰"、"葛仙丹井"、"葛仙洞"等遗迹。

李白曾在九华山上临风而立，望云烟万里；也曾在九华山下夏侯回的家里，与友人把酒联诗。他曾在文章中写道："时访道江、汉，憩于夏侯回之堂，开檐岸帻，坐眺松雪，因与二三子联句，传之将来。"

临风把酒，联句成诗，这无疑是极快意的事情。

寥寥数人，妙句飘然而来，便有了无与伦比的风雅。

纵然无以为对，被罚几碗酒，也是人生快事。

那日，他们的联句如下：

妙有分二气，灵山开九华。——李白
层标遏迟日，半壁明朝霞。——高霁
积雪曜阴壑，飞流喷阳崖。——韦仲堪
青莹玉树色，缥缈羽人家。——李白

联句起由，是他们将九子山更名为九华山。李白在《改九子山为九华山联句并序》中写道："青阳县有九子山，山高数千丈，上有九峰如莲花。按图征名，无所依据。太史公南游，略而不书。事绝古老之口，复缺名贤之纪，虽灵仙往复，而赋咏罕闻。予乃削其旧号，加以九华之目。"

除了联句，李白还写了首《望九华山赠青阳韦仲堪》：

> 昔在九江上，遥望九华峰。
> 天河挂绿水，秀出九芙蓉。
> 我欲一挥手，谁人可相从。
> 君为东道主，于此卧云松。

其后，李白又至泾县。在县城西南百里之地，有著名的桃花潭。李白前往游赏时，住在附近、久仰其名的汪伦无比惊喜，热情地款待了他。尽管相交时日不多，但交情很深。

历代出版的《李白集》《唐诗三百首》《全唐诗》注解，都认定汪伦是李白游历泾县时遇到的一个寻常村民，这个观点一直延续至今。不过，安徽学者汪光泽和李子龙先后研读了泾县《汪氏宗谱》《汪渐公谱》《汪氏续修支谱》，考证得出结论，汪伦又名凤林，为唐时名士，与李白、王维等人多有往来，常以诗文往来赠答。开元天宝年间，汪伦为泾县县令，李白"往候之，款洽不忍别"。

寻常百姓也好，文人官绅也好，于李白，他是纯粹的朋友。

李白交友，只看性情志趣，不问贵贱高低。

据清代袁枚《随园诗话补遗》记载：唐天宝年间，汪伦听说到了泾县，欣喜万分，写信给李白："先生好游乎？此地有十里桃花。先生好饮乎？此地有万家酒店。"李白欣然而往。到了泾县，李白问汪伦桃园酒家在什么地方，汪伦回答说："桃花是潭水的名字，并无桃花。万家是店主人姓万，并没有万家酒店。"引得李白大笑。

李白临行那日，汪伦在家设宴饯别，又带领村民踏歌相送。主人的深情厚谊，古朴的送客形式，使李白十分感动。他立即铺纸研墨，写了《赠汪伦》一诗留赠。

李白乘舟将欲行，忽闻岸上踏歌声。
桃花潭水深千尺，不及汪伦送我情。

李白又回到了宣城。敬亭山沉默，岁月并不安详。

北方的天空下，狼烟隐约可见。野心家早已蠢蠢欲动。

他依旧是，抽刀难断水，举杯难解愁。

已经是天宝十四年（755）春天了。花开得鲜妍，有些人和事，却在悄然间凋零。承平几十年的大唐天下，风波渐起。遥远的幽州，安禄山剑指长安，笑得邪魅。

生活还在继续。在宣城，李白结交了很多朋友，其中就包括太守赵悦。春夏间，他们同游宣城，也曾月下饮宴。李白写有《赠宣城赵太守悦》《为赵宣城与杨右相书》《赵公西候新亭颂》。

天宝十四年十一月初九，安史之乱爆发。

身兼范阳、平卢、河东三节度使的安禄山，发动属下将士，连同罗、奚、契丹、室韦等少数民族士兵共十五万人，号称二十万人，以"忧国之危"、奉诏讨伐杨国忠为借口，在范阳起兵。安禄山乘铁舆，其属下步骑精锐烟尘千里，鼓噪之声震地。海内承平日久，骤然兵燹又起，远近震惊。

叛军一路南下，势如破竹，所过州县大都望风瓦解。十二月初三，叛军渡过黄河，连克灵昌、陈留、荥阳诸郡。唐玄宗任命安西节度使封常清兼任范阳、平卢节度使，防守洛阳，接着任命他的第六子荣王李琬为元帅、高仙芝为副元帅东征。

十二月十三日，洛阳失陷。退守潼关的安西节度使封常清、高仙芝采以守势，坚守潼关不出。唐玄宗竟然听了监军宦官的诬告，以"失律丧师"之罪处斩封常清、高仙芝。天宝十五年（756）正月初一，安禄山在洛阳称大燕皇帝，改元圣武。

该来的总会来。李白担忧了数年的事情,终于还是发生了。

烽烟弥漫,铁骑飞驰。战乱之中,狼藉遍地。

青史在惊悸中沉默。岁月一片凌乱。

乱世奔亡

普天之下,莫非王土;率土之滨,莫非王臣。

登临江山之巅,俯视天下众生,是无数野心家的梦想。

所以,当君王昏聩,朝政昏暗的时候,总有人登高而呼,或以勤王为名义,或以讨伐为借口,招揽人心,觊觎魏阙。其中,自然有为民请命之英豪,但也不乏权欲熏心之人。安禄山属于后者。此人本性凶狠而贪婪,又手握重兵,目睹玄宗嬖幸艳妃、骄情荒政,宰相杨国忠倒行逆施,大唐纲纪大乱,民怨沸腾,便有了攫取天下之心。

安禄山看起来敦厚痴顽,实则内心狡黠异常。他命部将刘骆谷常驻京师,专以窥测朝廷内情,一有动静则飞马往报,因此虽距京师有数千里之遥,对朝廷的情况却了如指掌。

当然,安史之乱不仅是个人野心的爆发,也是多种矛盾的综合爆发。开元时期,社会经济虽然空前繁荣,以盛世著称,但同时,由于封建经济的发展,也加速了土地兼并,由此引发了百姓流亡。天宝年间,统治集团日益腐化,皇帝纵情声色,权臣为所欲为,百姓负担越来越重,社会矛盾不断加剧乃至激化。

还有大唐中央与地方的矛盾。随着几代君王在位时开疆拓土,先后平定辽东、东西突厥、吐谷浑等地区,使唐朝成为一个国境极为辽阔的国家。为了加强中央对边疆的控制，开元十年便于边地设十个兵镇，由九个节度使和一个经略使管理。渐渐的，节度使雄踞一方，尾大不掉，甚至有了凌驾中央之势。天宝年间，边镇兵力达五十万，安禄山一人兼任三镇节度使，拥兵二十万。相反，中央兵力不足八万。

而统治阶级内部的矛盾，是安史之乱的直接原因。李林甫为相时，对安禄山采取恩威并重的手段，而且他城府极深，安禄山对他颇为忌惮。而继他之后为相的杨国忠，对深得玄宗宠信、拥兵自重的安禄山非常忌恨，多次在玄宗面前称安禄山有不臣之心，欲置其于死地，安禄山早已怀恨在心。将相交恶，玄宗又未予以干预，终于成了安禄山举兵叛唐的理由。当然，除了杨国忠与安禄山，为了争权夺利，大唐统治阶级内部矛盾还有不少。

总之，在内外矛盾日益激化后，安史之乱爆发了。

大唐王朝，注定要在这场战争中江河日下。

眼见的，金戈铁马岁月，开元盛世成了明日黄花。

所有盛世，都有落幕的时候。西汉的文景之治，唐朝的开元盛世，清代的康乾盛世，都曾是繁花似锦、四海升平模样。但是最终，盛世凋零，几无声响。

所谓盛世，固然有富丽堂皇的外表，但是内部，必然有蠹虫和暗疾。利名作祟，权欲纠缠，各种问题和矛盾就会接踵而来。而掌管盛世的统治者，往往因强盛而变得懒惰和平庸，少了进取警惕之心，多了纵情享乐之意。就像后期的唐玄宗。

安禄山起兵的消息传来，李白十分震惊。尽管他早已知道，这场叛乱难以避免。他那些满含忠告和悲愤的诗，无人过问。事到如今，他只能一边期盼王师能尽早平叛，一边北上去接妻子和儿女。战乱之中，生命如尘。他必须护他们的周全。他是诗人，但也是丈夫和父亲，不能在南方独自苟安。

北方，狼烟四起，战火弥漫，百姓逃亡，生灵涂炭。

如他在《北上行》中所写：沙尘接幽州，烽火连朔方。

真实的战争，冰冷而血腥，李白走得慌乱。

河山摇荡，落笔之处，除了血迹，便是流离失所的身影。

在流亡的人群中，历尽艰险，李白终于抵达梁园，接到了宗夫人。彼时，洛阳等地已失陷，道路被阻，无法前往鲁中接子女。李白只好携宗夫人向西逃亡，入函谷关，上华山避难。几经周折，于天宝十五年（756）春回到了宣城。

逃亡途中，李白写了《奔亡道中五首》。

苏武天山上，田横海岛边。万重关塞断，何日是归年。

亭伯去安在，李陵降未归。愁容变海色，短服改胡衣。

谈笑三军却，交游七贵疏。仍留一只箭，未射鲁连书。

函谷如玉关，几时可生还。洛阳为易水，嵩岳是燕山。
俗变羌胡语，人多沙塞颜。申包惟恸哭，七日鬓毛斑。

淼淼望湖水，青青芦叶齐。归心落何处，日没大江西。
歇马傍春草，欲行远道迷。谁忍子规鸟，连声向我啼。

这五首诗，记录了战争中黎民背井离乡的惨况、朝廷官员和军队的退避，以及自己的艰难处境。这些诗是研究安史之乱爆发前后李白行踪很重要的材料。通过研究他的行踪，我们也可以对李白参加永王军队的缘由有更加全面的了解。

其中，李白先后引用了苏武、田横、崔骃、李陵、鲁仲连等很多历史人物的典故，诉说自己所看到的一幕幕战争场景，表达了自己遭逢国家变乱之时的思想情感。

苏武出使匈奴，被扣留十九年，受尽折磨，仍坚贞不屈；齐国的田横，在韩信破齐后始终不降，汉高祖刘邦利诱未果便又威逼，田横表面答应，却在行至洛阳附近时自刎，以头献刘邦。李白以苏武、田横自况，不屈之气节显而易见。

当时，唐朝的守城将士，战死的战死，投降的投降，李白被困沦陷区内，他不得不与妻子换上湖人衣装，趁着夜色，冒着生命危险奔赴长安。事实上，叛军攻下洛阳后，下个目标便是长安，李白奔走的方向，与众多逃亡者恰恰相反。只因，他不愿做历史上崔骃和李陵那样的逃避者。不仅如此，他希望尽快抵达长安，觐见玄宗，献上自己的灭敌之策。

战国时齐国名士鲁仲连，多谋略，善言辩。燕将攻占并据守齐国的聊城，齐国久攻不下。鲁仲连闻之赶来，写了一封义正辞严的书信，射入城中，燕将读后拔剑自刎。其后，鲁仲连谢却封赏，选择了归隐。身处战乱之中，李白将自己比作鲁仲连，认为自己尚有救国良策，希望能够为玄宗所用。

从第四首诗来看，李白的立足点在函谷关内。诗的意思是，函谷关以东的地区皆被叛军占领，自己本想效法申包胥痛哭秦庭，劝说玄宗抗击叛军，但此时函谷关以东尽为叛军所得，形势万分危急。他不得不从华山经商洛大道转道江南。很遗憾，他纵然真有救国平叛之策，也是无处言说。

在战争的缝隙里，李白无奈地回到了南方。

西山日落，杜鹃啼血。人间不见归途。

就如张爱玲所言，乱世的人，得过且过，没有真的家。

回到宣城后，李白对尚在鲁中的子女放心不下，恰好此时门人武谔前来探望，了解了他的心事后，决定替他前往鲁中。有感于武谔慷慨大义，李白以诗相赠。诗中写道："君为我致之，轻赍涉淮原。精诚合天道，不愧远游魂。"既有感激，也有钦佩。

不久后，李白携宗夫人前往剡中避乱。

离开宣城时，留诗一首，赠别县令崔钦。

双鹅飞洛阳，五马渡江徼。何意上东门，胡雏更长啸。
中原走豺虎，烈火焚宗庙。太白昼经天，颓阳掩馀照。
王城皆荡覆，世路成奔峭。四海望长安，颦眉寡西笑。
苍生疑落叶，白骨空相吊。连兵似雪山，破敌谁能料。
我垂北溟翼，且学南山豹。崔子贤主人，欢娱每相召。
胡床紫玉笛，却坐青云叫。杨花满州城，置酒同临眺。
忽思剡溪去，水石远清妙。雪尽天地明，风开湖山貌。
闷为洛生咏，醉发吴越调。赤霞动金光，日足森海峤。
独散万古意，闲垂一溪钓。猿近天上啼，人移月边棹。
无以墨绶苦，来求丹砂要。华发长折腰，将贻陶公诮。

烽烟弥漫，碧血倾城。生灵涂炭，四海同悲。

苍生疑落叶，白骨空相吊，这就是战争。

放眼望去，到处都是生命凋零的痕迹。田园也好，庙堂也好，被战火烧过，便只剩断壁残垣。李白不知道，朝廷军队是否能够平定叛乱，是否能够阻止叛军马蹄将河山踩碎。他的绝世才华，辅君匡世的抱负，安邦定国的计策，无人过问。

  于是，他只好去向山水，浅吟漫溯，煮酒泛舟。

  这是他不得已的选择。洒脱中藏着无奈。

  远方，烽烟依旧，离乱依旧。

  太阳依旧照常升起。

此去钓东海

  得半日清闲，抵十年尘梦。

  若是以前，纵然失意，他还可以独守清欢。

  小径有风，茅屋有月，手中有酒，心中有诗。散淡而自得。

  可现在，江山风雨飘摇，黎民死生难测。世事凌乱如斯，他做不到熟视无睹，更做不到随遇而安。无论在何处，他的心总是在颤抖，甚至在滴血。那是一个文人从未泯灭的良心。他的人生理想，他想成就的功业，从来不是独领风骚，被人景仰和膜拜，而是以其经世之才，使天下平定，黎民安生。

  他在南方，但是战火仿佛就在身边，抬头便是流亡的身影。

  战乱中，诗还活着。沉痛落笔，愤怒而悲情。

  现在，李白来到了溧阳。县令宋陟久仰其名，对他极是热情，以盛宴欢迎他的到来。感激之余，李白以诗相赠，即《赠溧阳宋少府陟》。诗中回顾了自己生平起落，最后这样写道：何日清中原，相期廓天步。他是心系天下的李白。

  在溧阳，李白还写了首《扶风豪士歌》：

洛阳三月飞胡沙，洛阳城中人怨嗟。
天津流水波赤血，白骨相撑如乱麻。
我亦东奔向吴国，浮云四塞道路赊。
东方日出啼早鸦，城门人开扫落花。
梧桐杨柳拂金井，来醉扶风豪士家。
扶风豪士天下奇，意气相倾山可移。
作人不倚将军势，饮酒岂顾尚书期。
雕盘绮食会众客，吴歌赵舞香风吹。
原尝春陵六国时，开心写意君所知。
堂中各有三千士，明日报恩知是谁。
抚长剑，一扬眉，清水白石何离离。
脱吾帽，向君笑。饮君酒，为君吟。
张良未逐赤松去，桥边黄石知我心。

这里所谓扶风豪士，可能是籍贯扶风的溧阳主簿，名叫窦嘉宾，李白在《溧阳濑水贞义女碑铭序》中提到过溧阳"主簿扶风窦嘉宾"，大约性情豪爽而好客，因此，李白称他为"豪士"。李白受到盛情款待，为了表示感谢，也借此抒怀，即席写成此诗。

那年初，安禄山已在洛阳称帝，洛城的天津桥下血流成河，郊野白骨如山。事实上，何止是洛阳，战争所到之处，皆是如此惨象。诗中说，他空有匡世救国之心，却是报国无门，只好在南方避乱。

他感激主簿的盛情款待，也喜欢这盛宴中的畅快淋漓。但这，并不意味着他置国家兴亡于不顾而沉溺于个人安乐。事实上，酣畅的酒意中，他始终是清醒的。遭逢罹乱，李白很想效仿战国四君子，建立功勋报效国家。

末段表明心迹，一片赤城。南朝陈代诗人江晖有句："恐君不见信，抚剑一扬眉。"古乐府《艳歌行》有句："语卿且勿眄，水清石自见。"李白化用其语，又将张良的事迹倒转过来，说"张良未逐赤松去，桥边黄石知我心"。这两句的大意是：我之所以没有象张良那样随赤松子而去，是因为功业未成，国难当前，我更得尽力报效。耿耿此心，黄石公可以明鉴。

这时期的李白，仍旧迷茫，但更多的是对国家前途的担忧。

曾经，天生我材必有用的豪情，如今变成了悲叹与思考。

不久后，李白又写了首《猛虎行》，表达了报效朝廷的意愿。

贤哲栖栖古如此，今时亦弃青云士。
有策不敢犯龙鳞，窜身南国避胡尘。
宝书长剑挂高阁，金鞍骏马散故人。
昨日方为宣城客，掣铃交通二千石。
有时六博快壮心，绕床三匝呼一掷。
楚人每道张旭奇，心藏风云世莫知。
三吴邦伯多顾盼，四海雄侠皆相推。
萧曹曾作沛中吏，攀龙附凤当有时。
溧阳酒楼三月春，杨花漠漠愁杀人。
胡人绿眼吹玉笛，吴歌白纻飞梁尘。
丈夫相见且为乐，槌牛挝鼓会众宾。
我从此去钓东海，得鱼笑寄情相亲。

贤哲栖栖古如此，今时亦弃青云士。这就是李白的无奈。

身遭乱世，心忧天下，却不为君主所用，只能避乱山野，他无法不感慨。诗的末尾说他要学《庄子》中的任公子，用粗绳装上大钩，以五十头牛作为诱饵在东海钓大鱼，意指希望有所作为。百姓罹难，社稷堪忧，他慷慨悲歌,将一颗久经压抑的赤子之心毫不掩饰地呈现了出来。

这首诗,不仅有感性的抒情,也有对战局的理性分析。他指责玄宗临阵弃将怒杀高仙芝,一味听从杨国忠的错误意见,迫使哥舒翰贸然出关作战,导致潼关失守,战争形势急转直下趋于恶化。

他有颗火热的报国之心。现实却是,匡君无处,济世无门。

于是,他只好带着这颗心,痛苦地漂泊。

行至杭州,为前往庐州(今合肥)的朋友裴泽赋诗践行。

西江天柱远,东越海门深。去割慈亲恋,行忧报国心。
好风吹落日,流水引长吟。五月披裘者,应知不取金。

皇甫谧《高士传》卷上:"五月披裘而负薪,岂取金者哉?"《韩诗外传》记载:春秋时,吴国的延陵季子到齐国游历,在路上看到一堆金子,叫一个披裘的人拿去,披裘的人说:"我暑天还穿皮衣,难道是拾金的人吗?"

这首诗勉励朋友,为官须清正,尽力报效国家,不应谋取私利。

自然地,行忧报国心,也是他自己情怀的写照。

而他为之忧心的大唐王朝,正在发生翻天覆地的变化。

天宝十五年(756)六月,叛军攻陷潼关,长安危在旦夕。玄宗根据杨国忠的建议,决定逃往蜀中避难。行至马嵬驿(今陕西兴平县)时,将士们以炎热和疲惫为由,拒绝继续前行。太子李亨、宦官李辅国和陈玄礼决定乘机诛杀杨国忠,便由陈玄礼出面煽动,说这场叛乱因由杨国忠而起。

结果,杨国忠被杀。其长子杨暄以及韩国夫人和秦国夫人也一并被杀。杨国忠的妻子裴柔和幼子杨晞以及虢国夫人逃至陈仓(今陕西宝鸡市)。

虢国夫人应裴柔之求，刺死后者，随后自刎。杨玉环则被高力士缢死。

她是倾世红颜，后宫三千佳丽，不敌她嫣然一笑。

可现在，马嵬坡的泥土，草草地掩埋了香魂。

曾经给她万般娇宠的天子，掩面不忍直视。他救她不得。

夜雨霖铃，忆及那神姿仙态的红颜，天子肝肠寸断。于是，后来有了《雨霖铃》这个词牌。唐郑处诲《明皇杂录》载："明皇既幸蜀西南行，初入斜谷，属霖雨涉旬，于栈道雨中，闻铃音与山相应，上既悼念贵妃，采其声为《雨霖铃》曲，以寄恨焉。"

荣耀与骄傲，华贵与显赫，转瞬间便已零落成尘。

没有谁能够永远身居绝顶，笑傲于众生之上。

须知，高下起伏，才是人生；悲喜起落，才叫无常。

人们往往喜欢绝顶的高远。固然，那里风景无限。但别忘了，所有的山，都是越向上越狭窄。身在凌云之顶，有几人能淡然，有几人能保持山脚的宽广和慈悲？

登高自可望远。可是，水向低处流，最终归入了大海。

活在人间，若不能凌云直上，选择寂静包容也不错。

现在，曾经的盛世长歌，在一抹血色中彻底画上了句号。多年以后，马嵬坡血迹也消失不见，缠绵缱绻，功过是非，都成了过往。倒是诗人，忙里偷闲，以温柔笔意，回味了那场倾世的爱恋。是一场叫《长恨歌》的悲剧。

马嵬坡之变后，玄宗入蜀，太子李亨及其子李俶、李倓北上灵武。长安失陷，君储逃亡，安史之乱进入最高峰。那年七月十三日，太子李亨在灵武（今宁夏灵武）为朔方诸将所推而登基，遥奉玄宗为太上皇，改元至德，是为唐肃宗。事已至此，玄宗无可奈何。

肃宗登基后，郭子仪被封为兵部尚书、同中书门下平章事（宰相），仍兼充朔方节度使；李光弼被封为户部尚书、同中书门下平章事，二人奉诏讨伐叛军。

远在南方的李白，听闻长安陷落，玄宗逃亡蜀中，既震惊又悲伤。秋天，他携宗夫人前往庐山隐居，以避时乱。他栖身于庐山五老峰下的屏风叠，达半年之久，修建了草堂。在写给故友王判官的《赠王判官时余归隐居庐山屏风叠》一诗中，他再次表达了国家危急存亡之秋，自己却无从用力的悲愤失望情绪。

昔别黄鹤楼，蹉跎淮海秋。俱飘零落叶，各散洞庭流。
中年不相见，蹭蹬游吴越。何处我思君？天台绿萝月。
会稽风月好，却绕剡溪回。云山海上出，人物镜中来。
一度浙江北，十年醉楚台。荆门倒屈宋，梁苑倾邹枚。
苦笑我夸诞，知音安在哉？大盗割鸿沟，如风扫秋叶。
吾非济代人，且隐屏风叠。中夜天中望，忆君思见君。
明朝拂衣去，永与海鸥群。

隐于山间，草木为邻，本该是怡然的。
可他，根本没有隐居的安闲。他有的，是一颗焦灼苦痛的心。
蹭蹬的岁月，动荡的年光，如梦，却又真实地，碾压了他的执着。
拂衣而去，隐退林泉。他说到了永远，却很勉强。
那颗安邦济世的心，还在跳动着。

第七卷：何处归程

应该说，每个日子，都属于余生。
来到人间，便开始走一条叫做回归的路。
我们终究，要与沧桑对望，或被收藏，或被流放。

为君谈笑静胡沙

我所理解的人生，是有生之年，活出独属于自己的姿态。
未必飞扬恣肆，未必笑傲众生，但定是轮廓分明，清白坦荡。
悲伤有之，落寞有之，但总会带着真实的自己，泠然前行。
李白若是低眉顺眼，不狂傲，不坦荡，那便不是千年后人们景仰的那个诗仙了。一个诗人，若是失了风神和风骨，也就算不得真正的诗人。寻常之人亦是如此，没有骨气，战战兢兢，就注定卑微。
可惜，风雅狂傲的李白，只落得一怀萧索。
庐山屏风叠，李白伫望人间。大唐存亡未卜，遍野尽是哀鸿。
天地苍茫。过去与未来之间，是他悲伤的身影。
他作了两首词，一首《菩萨蛮》，一首《忆秦娥》，盛满了喟叹。

平林漠漠烟如织，寒山一带伤心碧。暝色入高楼，有人楼上愁。
玉阶空伫立，宿鸟归飞急。何处是归程？长亭连短亭。

箫声咽，秦娥梦断秦楼月。秦楼月，年年柳色，灞陵伤别。
乐游原上清秋节，咸阳古道音尘绝。音尘绝，西风残照，汉家陵阙。

这两首词，古人评价很高，被誉为"百代词曲之祖"。

这首《忆秦娥》，里面的主人公秦娥，是李白自喻，也可以说，是所有怀念开元盛世的人们。呜咽的箫声将秦娥从梦中惊醒，一钩残月斜映在窗前。梦里私语缠绵，梦外残月独照，怎能不让她黯然销魂？

往事迷离，回忆清晰。越清晰，越神伤。曾经，乐游原的清秋时节，天高云淡，佳侣如云。如今，西风残照，茕茕孑立。那是李白自己，也是所有乱世哀叹者的孤独身影。

盛世欢歌，已被马蹄踩碎。古道悠悠，音尘杳然，繁华旧梦被埋葬，只剩西风萧瑟，残阳如血，和寂寞的秦汉陵墓。千百年以后，大唐王朝亦是同样的结局，曾经的辉煌与强盛，都将归于尘土。这是李白对于盛与衰、古与今、悲与欢的反思。

或许，是夕阳西下时分，他在五老峰顶，沉默着。

过去、现在、未来，已没了界限。只看见，西风残照，汉家陵阙。

这样悲壮的历史消亡感，在他的心头，也在我们的心头。

安史之乱还未结束。李唐天下随时都有倾覆的危险。奔蜀途中，唐玄宗在普安郡颁布诏令：任命太子李亨为天下兵马元帅，任命永王李璘、盛王李琦、丰王李珙分别担任南北诸道节度使，可以自行辟置官署、筹措粮草，实际上是将整个唐王朝的军政大权分解下放到各个王子手中。

根据此诏书，太子李亨执掌关中、河南、河北、幽燕等北方地区的军政大权，其主要目标就是要收复长安和洛阳；而李璘则执掌包括今两湖、云贵、两广、江西等地在内的华中、中南、西南、华南地区的军政大权。

诏令诸王分镇是唐玄宗采取的权宜之计，一方面是为了确保自身安全，另一方面也是为了重新部署力量进行反击。然而，三日之前，太子李亨已在灵武登基，玄宗已成了太上皇。李璘却是遵诏前往了。由于各在其处，永王获悉李亨登基，已是两月以后。

至德元年（756）九月，李璘在江陵和江夏地区集结兵力，招募数万人，以李台卿和韦子春为谋臣，以季广琛、浑惟明为大将，沿江东下直趋广陵。

现在的问题是，李亨已登帝位，但他有发动政变强取帝位的嫌疑，李璘必然不服。而手握军政大权的永王，也势必会让新帝如鲠在喉。想想玄武门之变，想想九子夺嫡，他们之间，必是难以相容的。

永王的军队路过九江时，派韦子春三上庐山邀请李白入幕。此时的李白，正处于报国无门的痛苦之中，虽有迟疑，最终还是同意入永王幕。在《赠韦秘书子春》一诗中，李白表露了自己当时的想法："苟无济代心，独善亦何益。惟君家世者，偃息逢休明。"也就是说，若没有救济时代的用心，独善其身又有何益？当此乱世，正可以乘机建功立业。

在《赠韦秘书子春》结尾，他说"终与安社稷，功成去五湖。"

最初和最后，他都是同样的梦想：功成身退，归去五湖。

在《与贾少公书》中，李白说："主命崇重，大总元戎，辟书三至，人轻礼重。严期迫切，难以固辞，扶力一行，前观进退。"意思是，永王是一方诸侯，却接连三次派人上山邀请我加入幕府。我身份低微，受如此礼遇，实在盛情难却。

谢安在东山隐居，天下苍生都渴望他出山治国。我并不想故作姿态，假意拒绝，沽名钓誉。只不过抱定济世的决心，绝无其他谬想。这是李白的心里话。带着那颗辅弼天下的雄心，失意数十年，他不想错过这个机会。

至德二年（757）初，李白下庐山入永王幕府。

与妻子分别，写了《别内赴征三首》，既豪迈，又不舍。

王命三征去未还，明朝离别出吴关。
白玉高楼看不见，相思须上望夫山。

出门妻子强牵衣，问我西行几日归。
归时倘佩黄金印，莫学苏秦不下机。

翡翠为楼金作梯，谁人独宿倚门啼。
夜坐寒灯连晓月，行行泪尽楚关西。

下山的时候，他是意兴盎然的。

以为，这次的选择是正确的，是可以成功的。

那些年，他无时无刻不希望能够东山再起，获得进仕朝廷的机会。永王的邀请让他看到了政治生命的前途。这次机会，距离他离开长安已过去了十数年。等待了那么久，他希望此番可以完成安国匡世的夙愿。这便是他入永王幕的原因。

可是，至德二年初，想必他已知晓，李亨已登基为帝，但并未坐稳。为争帝位，手足相残，血淋淋的历史并不遥远。假如李白有高卧山中、通晓天下之事的深谋远虑，他应该知道，急欲稳固帝位的新皇，和大权在握的永王，势难共存。可他还是选择了加入永王军队。

尽管，目的纯正，结果却注定凄凉。

他终究只是个率真简单的诗人。

为了给李白接风，永王大摆筵席。席间，李白赋诗《在水军宴赠幕府诸侍御》。其中写道："宁知草间人，腰下有龙泉。浮云在一决，誓欲清幽燕。"他说，以前虽居草野，但始终佩带着龙泉宝剑，如今终得机会，劈开乌云，荡平逆贼，还大唐一个清平世界。

蛰伏了太久，入了永王幕府，有了施展抱负的机会，本就情绪激动，加之军中救国杀敌的气氛感染，他几乎是热血澎湃。就仿佛，扫平叛军指日可待，辉煌的政治生涯触手可及。

其后，李白随永王军队东下，他意气风发地写了《永王东巡歌》十一首。这些诗最能表达他入幕后的心情，以及对时局的看法，表现了他平定内乱、建功立业的进取精神。很豪迈，很乐观。以下是开头两首：

永王正月东出师，天子遥分龙虎旗。
楼船一举风波静，江汉翻为雁鹜池。

三川北虏乱如麻，四海南奔似永嘉。
但用东山谢安石，为君谈笑静胡沙。

很显然，李白对当时的形势极其乐观。他坚信，只要永王出征，长江流域的政治军事局面就会趋于稳定。他自比能使王朝东山再起的谢安，"谈笑"二字，颇有气定神闲的意味，俨然是谈笑间樯橹灰飞烟灭的气度。

不过，以谋士自居，未免太自负。事实上，他对于永王的命运，以及当时的政治局势并无准确的、高瞻远瞩的看法。因此，后面还有两首是这样写的：

二帝巡游俱未回，五陵松柏使人哀。
诸侯不救河南地，更喜贤王远道来。

祖龙浮海不成桥，汉武寻阳空射蛟。
我王楼舰轻秦汉，却似文皇欲渡辽。

李亨既已即位，长安和洛阳尚未收复，因此说二帝巡游未归。在李白看来，既然玄宗任命永王驻守山南、江南诸道节度使，自己进入永王幕府，也就是在效忠玄宗和肃宗。但其实，玄宗与肃宗，肃宗与永王，利益和矛盾关系错综，他并不清楚。

后面这首，将永王比作西晋将军王，还将他比做唐太宗，说永王的功业将要超越秦皇汉武。这样写，对已经身在帝位的李亨来说，可谓大不敬。毕竟，君臣有别。当时的时局下，永王李璘若是称帝，并最终赢得天下，也不算太意外。要知道，两京还未光复，世事瞬息万变。正因如此，永王越是风光，就越难容于肃宗。

李白，终是太天真，以诗人的情怀，去观瞻和体察世界。他以为，无需太久，叛乱就能平复，天下就可太平。似乎，身为辅弼，使寰区大定，海县清一的夙愿即将达成。

却不知，他已身在政治漩涡之中，随时会陷落。

唯美的理想，注定成空。

身陷囹圄

人生的答卷，从来没有满分。

纵使千般寻觅，万般搏杀，也难得圆满。

李白以为，漂泊几十载，在暮色沉沉之时终能有所作为。

激动之余，所写之诗也是意气飞扬。世事深不见底，时局变幻莫测，他以诗人的眼光来做判断，不免太轻率。他是感性超过理性的，诗也极具情绪化。所以，杜甫的诗被称作诗史，可以当历史来读；而李白的诗，只能当作历史的情绪来读。他代表的，是历史的情怀。

时局混乱，即位不久的唐肃宗，不允许手握南方兵权的永王存在，更不允许其日益强大，与自己分庭抗礼。至德二年（757）初，肃宗下诏，命令永王回蜀中侍奉玄宗。永王拒绝，依旧率数万大军东巡。兄弟之间的战争即将爆发。

很快，肃宗就对永王下了讨伐令。他任命曾经与李白和杜甫同游梁宋的高适，为扬州大都督府长史、淮南节度使，掌管广陵十二郡的总体军政事务，又诏命江东节度使来瑱与高适会合，准备讨伐永王。另外，肃宗还派宦官啖延瑶与广陵采访使李成式联络，对永王形成夹击之势。大祸不远，李白还在永王军中，饮酒写诗，谈笑风生，甚至是羽扇纶巾的模样。他并未料到，政治形势有多严峻。

不久后，兄弟阋墙的战争开始了。在扬州、丹阳一带，双方展开激战，永王败走，南奔晋陵，然后逃向鄱阳，继而南下逃往岭南。结果，在大庾岭中箭被捕，被江西采访使皇甫侁处死，其子也被乱军所杀。

永王的军队土崩瓦解，李白在他的幕府前后不过两月。

政治理想再次成了泡影。而且，他因追随永王，背上了附逆之罪。

永王军队溃败时，李白向西南奔亡，途中写了《南奔书怀》。

草草出近关，行行昧前算。南奔剧星火，北寇无涯畔。
顾乏七宝鞭，留连道傍玩。太白夜食昴，长虹日中贯。
秦赵兴天兵，茫茫九州乱。感遇明主恩，颇高祖逖言。
过江誓流水，志在清中原。拔剑击前柱，悲歌难重论。

他确有精诚报国之心，心怀祖逖誓清中原之志。
然而，在这场王室斗争中，他仅是罅隙中草芥一棵。
政治斗争本就是这样浑浊和惨烈。他只能，拔剑击柱，长叹当歌。
那时候，李白还写了首《箜篌谣》，颇见痛苦和无奈。

汉谣一斗粟，不与淮南舂。兄弟尚路人，吾心安所从。
他人方寸间，山海几千重。轻言托朋友，对面九疑峰。
开花必早落，桃李不如松。管鲍久已死，何人继其踪。

当年，汉文帝和淮南王不睦，将淮南王发配到四川。淮南王性格刚烈，绝食而死。民间歌谣唱道："一尺布，尚可缝，一斗粟，尚可舂，兄弟二人不相容。"意思很明白，皇帝不仁。

如今，大唐天下亦是同样的情形。所以李白说，兄弟尚路人，吾心安所从。可他有苦难言。他不能说皇帝无德，只能怪自己命蹇。带着一颗清白坦荡之心，却落了个叛逆的罪名。这就是生活。

纵然你虔诚上路，满载飞扬意气，也常以萧索结尾。

从晴好到阴雨，从闲芳到落木，往往只是刹那。

永远不知道，下个路口，有怎样的平上去入。

永王被杀以后，肃宗开始清除其余党。李白逃至彭泽时被捕，以"附逆作乱"的罪名被投入了浔阳（即九江）监狱。可悲的是，他以为，他是以谋士的身份被邀入幕，甚至自比谢安，但其实，永王邀请他，只想借用他的名声。乱世之中，他做了选择，并为此付出了代价。

安史之乱中，除了已故的贺知章和孟浩然，盛唐著名诗人，除高适风生水起，志得意满外，其他几人皆有坎坷。玄宗逃亡蜀中时，杜甫避乱野村，李亨在灵武即位，他前往投奔，不幸被叛军所俘，押至长安。至德二年四月，郭子仪大军来到长安，杜甫冒险逃出前往投奔肃宗，被授为左拾遗，故世称"杜拾遗"。

至德元年，长安陷落，王维被捕后被迫出任伪职。战乱平息后，王维被下狱，交付有司审讯。按理，投效叛军当斩，但因他被俘时曾作《凝碧池》抒发亡国之痛和思念朝廷之情，又因其弟刑部侍郎王缙平反有功，请求削籍为兄赎罪，王维才得宽宥，降职为太子中允，后兼迁中书舍人，官终尚书右丞。

而王昌龄，至德元年离开龙标还乡，本想安度余生，却于次年路经亳州时，为亳州刺史闾丘晓所杀。人生本如飘萍，身遭乱世，更是如此。五十七岁的李白，身陷囹圄，死生难测。他寄诗给宗夫人，题目为《在浔阳非所寄内》。

闻难知恸哭，行啼入府中。
多君同蔡琰，流泪请曹公。
知登吴章岭，昔与死无分。
崎岖行石道，外折入青云。
相见若悲叹，哀声那可闻？

非所，即非人之地。他万万没想到，暮年竟有牢狱之灾。

但这就是现实。他孤苦伶仃地望着外面的世界，那里有他漂泊的身影。那些年，虽然飘零四方，至少是自由的。而现在，连漂泊都是奢望。事实上，曾经跟随永王的很多人，都以叛逆之罪被处死了。李白也必然惶恐。

还在庐山的宗夫人，听到李白下狱的消息，夜以继日地赶到浔阳。两人见面，各自黯然。悲伤之余，宗夫人先是到官府，请求有司从宽处置；然后，她又四方奔走求告，寻求解救李白之法。而李白自己，身陷牢笼，痛苦万分。他能做的，只有投诗求救。从前投诗是为仕进，如今投诗只为生存。事关生死，他再傲岸，也得放下身段。

他投诗给旧时相识，在肃宗朝升任右司郎中的魏少游，说"南冠君子，呼天而啼。恋高堂而掩泣，泪血地而成泥。狱户春而不草，独幽怨而沈迷"；他投诗给以宰相至尊充任江淮宣慰使崔涣，说"万愤结习，忧从中催。金瑟玉壶，尽为愁媒。举酒太息，泣血盈杯。"

在狱中的李白，既痛苦有愤怒，既惶恐又悲凉。他本一片赤心，满怀热情想要为朝廷建功立业，没想到竟是入狱的下场。所以他说，悲愤万端郁结胸中，忧伤不已令人伤怀。弹琴饮酒，又怎能解愁？举杯长叹，杯中斟满的分明是血泪之酒。

然后，李白想起了高适。多年前，同游梁宋，把酒高歌，快意无与伦比。而现在，他是阶下囚，高适则身份显贵，颇受肃宗倚重。而且，不久之前，李白在永王的军队里，还是高适讨伐的对象。因为身份悬殊，今非昔比，是否要求助于高适，李白犹豫了很久。最终，他以诗代信，题为《送张秀才谒高中丞》。

秦帝沦玉镜，留侯降氛氲。感激黄石老，经过沧海君。
壮士挥金槌，报仇六国闻。智勇冠终古，萧陈难与群。

> 两龙争斗时，天地动风云。酒酣舞长剑，仓卒解汉纷。
> 宇宙初倒悬，鸿沟势将分。英谋信奇绝，夫子扬清芬。
> 胡月入紫微，三光乱天文。高公镇淮海，谈笑却妖氛。
> 采尔幕中画，戡难光殊勋。我无燕霜感，玉石俱烧焚。
> 但洒一行泪，临歧竟何云。

并非直接寄给高适，而是让一个叫张孟熊的秀才转交。

也是凑巧，张孟熊正好要前往扬州，加入高适的幕府，进献灭胡之策。在这封信的前面，李白写有序言，大概意思是：如今我身在狱中，正在读张良传，张秀才有灭胡之计，将前往扬州谒见，我怀念张良之风，故而以诗相赠。所以，这封信连同这段序言，几乎是以推荐信的形式被带到高适面前的。

他说，落到如此田地，无话可说，只剩老泪纵横。

未言所求之事，但既然身陷囹圄，一切都无需明言。

而且，李白认为，高适是相交多年的老友，不会袖手旁观。

或许，写这封信的时候，他还回忆了当年诗酒流连的日子。可以肯定，对于高适，那同样是不可多得的轻快岁月。可现在，时过境迁，李白有谋逆重罪，高适左思右想，最终选择了作壁上观。他并非无情无义，后来杜甫在成都草堂，生活困顿，常受两个人帮助，一个是剑南节度使严武，另一个就是时任蜀中刺史的高适。

很遗憾，在解救李白这件事上，高适退避了。

明哲固然可以保身，但也因此，他无缘肝胆相照四字。

真正的朋友，未必要两肋插刀，但起码，在朋友落难之时，哪怕事关自己荣辱成败，也应当义不容辞。可惜，见利忘义常有，义薄云天能有几人；锦上添花常有，雪中送炭能有多少？

清代的纳兰容若,与顾贞观为至交。顾贞观有个莫逆好友吴兆骞,在科考中被人诬告舞弊,被流放到宁古塔。顾贞观写了两首《金缕曲》,希望纳兰容若解救吴兆骞。

流放宁古塔,与死罪只有一步之遥。但是知己所求,纳兰义不容辞,他也写了首《金缕曲》,其中写道:绝塞生还吴季子,算眼前、此外皆闲事。这是他对纳兰对顾贞观的承诺。其后,纳兰不负所望,多方奔走,拼尽全力。最终,被流放十八年的吴兆骞,安然归来。

朋友二字,不仅意味着把酒言欢,更意味着责任和担当。没有沽名钓誉,只有赴汤蹈火。李白与高适同游的欢笑,彻底沉寂了。倒是纳兰的承诺仍有回音:绝塞生还吴季子,算眼前、此外皆闲事。

卧病宿松山

西山日落,羁鸟归林。

仿佛只是刹那,人生这场戏,已到散场时。

活到最后,每个人皆是日暮途穷的倦客,徘徊顾望,往事成丘。

一盏茶,浮生若梦;一阙词,古道无人。岁月不语,我们终要在其中苍老和沉默。行经尘世,显达富贵虽可追寻,但是最重要的是,能有个云淡风轻的样子。多年以后,暮色沉沉,垂垂老去,能够从容和坦然。

王维说,行到水穷处,坐看云起时;苏轼说,归去,也无风雨也无晴;李白说,人生在世不称意,明朝散发弄扁舟。有诗,纵然身处窘境,至少还能于平仄之间,寻得几分散淡安闲。越到暮年,越需要安放自己。

李白曾想,暮年最不济也不过是壮志未酬,纵情云水。没想到,生活给他的,却是一场突如其来却似乎注定了的牢狱之灾。身陷樊笼,他的痛苦中,甚至有绝望。他写了很多诗,四方求援,却几无回应。

身处窘困之境,才能明白,何为世态炎凉,何为人情冷暖。

李白和高适,算是故交。但是最终,他们的情谊变成了政治斗争的牺牲品。坦白讲,高适虽不曾营救李白,有负朋友二字,却也是旷逸豪迈之人,他的笔下也有"莫愁前路无知己,天下谁人不识君"、"战士军前半死生,美人帐下犹歌舞"这样的句子。

只不过,身为文人,一旦寄身封建官僚体制之中,命运就不由自己掌控了。个人的价值和情怀,往往会泯灭在庞大而冰冷的封建体制中。故友有难,无法施救,想必高适也是痛苦的。

幸运的是,李白最终获救了。对此,有很多说法。裴敬在《翰林学士李公墓碑文》里说,李白出狱,要归功于郭子仪,还讲述了他们的渊源。据说,李白年轻时,郭子仪身在行伍,触犯了军法,多亏李白为之求情,才免去了处罚。所以,李白下狱,身为天下兵马副元帅,兼左仆射的郭子仪为报前恩,解救了他。

其实,郭子仪比李白还要年长四岁,开元四年中武举入仕,积功至九原太守。他中武举时,李白还在蜀中读书学剑。郭子仪就算对李白施了援手,也只能是出于对他的欣赏。

李白性情开阔,交游甚广,下狱之后,很多人为求自保选择了沉默,但愿意援救的也不在少数。有心之人,无需他言语,自会尽力助他脱困。其中,出力最多的,是李白故友宋之悌之子宋若思。多年前在江夏,李白为被贬至荒僻之地的宋之悌送行,还在赠诗中写道:平生不下泪,于此泣无穷。那样真诚的泪水,多年后依旧温热。这份温热,就流淌在宋若思的心里。

时为御史中丞的宋若思,经过一番努力,将李白营救出狱。不仅如此,李白还入了宋若思的幕府,做幕僚工作。那份清澈见底的友情,多年后依旧清澈见底。尽管,宋之悌已经离世。

云开月明,逢生绝处,李白欣喜若狂。

欣喜之余,又重燃辅弼天下的希望,希望能为朝廷所用。他以宋若思的名义,写了篇将自己推荐给朝廷的文章,题为《为宋中丞自荐表》。

臣某闻:天地闭而贤人隐,云雷屯而君子用。

臣伏见前翰林供奉李白,年五十有七。天宝初,五府交辟,不求闻达,亦由子真谷口,名动京师。上皇闻而悦之,召入禁掖,既润色于鸿业,或间草于王言,雍容揄扬,特见褒赏。为贱臣诈诡,遂放归山,闲居制作,言盈数万。属逆胡暴乱,避地庐山,遇永王东巡胁行,中道奔走,却至彭泽,具已陈首。前后经宣慰大使崔涣及臣推覆清雪,寻经奏闻。

臣闻古之诸侯,进贤受上赏,蔽贤受显戮。若三适称美,必九锡光荣,垂之典谟,永以为训。臣所管李白,实审无辜,怀经济之才,抗巢、由之节。文可以变风俗,学可以究天人,一命不霑,四海称屈。

伏惟陛下大明广运,至道无偏,收其希世之英,以为清朝之宝。昔四皓遭高皇而不起,翼惠帝而方来,君臣离合,亦各有数。岂使此人名扬宇宙,而枯槁当年?传曰:举逸人而天下归心。伏惟陛下回太阳之高晖,流覆盆之下照,特请拜一京官,献可替否,以光朝列,则四海豪俊,引领知归。不胜懔懔之至,敢陈荐以闻。

不久前,还曾命悬一线,出狱之后,仍是狂放模样。

这就是李白。经历了无数次风雨洗礼,初心未改,傲然依旧。

这篇文章,和李白以前的干谒文章很相似,从才华和品行更方面,对自己极尽夸耀之意。他说自己既有经世济民的才能,又有高人逸士的节操。而且,"文可以变风俗,学可以究天人,一命不霑,四海称屈。"寻常人要是这样写自己,定会被骂得狗血淋头。但他是李白,不狂放,不自傲,也就不是他了。

他说自己获罪,实属无辜,若能重用他,必是希世之英、清朝之宝,还能使天下英才归心。虽然自视太高,却也是直陈心迹。流行语说,生活虐我千百遍,我待生活如初恋。李白大抵是这样的心境。经过许多磨难后,他依旧爱着那个王朝,愿意为之鞠躬尽瘁。

不沉沦,不悲观,在五十七岁的年纪,这是很难得的。

可以说,这仍是盛唐精神的延续。

不过,李白未免太乐观,或者说太天真。他以为,已经出狱,又如此赤诚表白,与朝廷之间便再无嫌隙。实际上,他罪愆不小,理应谨言慎行,他却如此高调地宣扬自己的才德,这样的做法本身就太冒失。在朝廷那边,他的事情并未了结。莫说重用他,就连他的自由都只是暂时的。可想而知,这篇自荐的文章,就算不激怒肃宗,也注定石沉大海。

至德二年九月,李白身体有恙,朝廷了无消息。他便离开宋若思幕府,前往宿松山养病。在山上,他写了《独漉篇》,再次表明心迹,也表达了报国无门的愁闷。

独漉水中泥,水浊不见月。不见月尚可,水深行人没。
越鸟从南来,胡鹰亦北渡。我欲弯弓向天射,惜其中道失归路。
落叶别树,飘零随风。客无所托,悲与此同。
罗帏舒卷,似有人开。明月直入,无心可猜。
雄剑挂壁,时时龙鸣。不断犀象,绣涩苔生。
国耻未雪,何由成名。神鹰梦泽,不顾鸱鸢。
为君一击,鹏抟九天。

他说，此心光明磊落，明月可鉴。

然而，宝剑挂壁，时有龙鸣。却已是锈迹斑驳。

国耻未雪，何谈建功立业、万世功名！几乎是岳武穆"靖康耻，犹未雪；臣子恨，何时灭"的气势。他有扫清胡尘的志向，却只是一厢情愿。终生的抱负，也不过是，我本将心向明月，奈何明月照沟渠。

至德二年正月，安禄山被其子安庆绪与部下合谋所杀。安庆绪自立为帝，命史思明回守范阳，留蔡希德等继续围太原。不久后，安庆绪以尹子奇为河南节度使，率领十三万大军扫荡河南。此时，河南城镇纷纷陷落，惟有军事重镇睢阳（今商丘县）未陷。

睢阳可谓江淮屏障。当时，朝廷仅剩长江、淮河流域的税赋支撑着，若睢阳失守，后果不堪设想。张巡在内无粮草、外无援兵的情况下死守睢阳，前后交战四百余次，苦撑大半年，有效阻遏了叛军南犯之势，遮蔽江淮地区，保障了唐朝东南的安全。最终因粮草耗尽、士卒死伤殆尽，张巡及其部将几十人被俘遇害。

睢阳之战，使安庆绪前后大兵几十万人被张巡所牵制。如此方使唐朝能够反攻，使郭子仪能够从容收复两京。十月，张镐以中书侍郎同中书门下平章事兼河南节度使，领兵救睢阳之围，途经宿松。李白与他算是故交，听闻他路过当地，写了《赠张相镐二首》，望其相助。

一生欲报主，百代思荣亲。其事竟不就，哀哉难重陈。
卧病宿松山，苍茫空四邻。风云激壮志，枯槁惊常伦。

抚剑夜吟啸，雄心日千里。誓欲斩鲸鲵，澄清洛阳水。
六合洒霖雨，万物无凋枯。我挥一杯水，自笑何区区。

> 因人耻成事，贵欲决良图。灭虏不言功，飘然陟蓬壶。

仰天长啸，壮怀激烈；抚剑夜吟，雄心万丈。

山河破碎，风雨飘摇。他始终心系朝廷安危、百姓疾苦。

他多想，扫尽胡尘，安定六合，解救罹祸之苍生。

然后，飘然而去，隐退江湖。

但这，只是空想，并无落脚之处。他的生平，主题永远是失意和落寞。被召入京，算是短暂的华彩，却也是以萧瑟离开结束。以诗相赠张镐，并无下文。长安和洛阳已收复，李白还在山中卧病。

他等待被起用，没想到，等来的却是被流放的消息。

夜郎，是他要去的地方。很远，一个人的流浪。

流放夜郎

李白老了。华发满镜，人生秋凉。

在诗的世界，他永远年轻。仰天大笑，衣带生风。

他执着于政治理想，为之寻觅几十载，却始终清洌傲岸。

潇洒中有寂静，高贵中有风雅，狂傲中有慈悲。这就是印象中的李白。

人生凄凉，那又怎样？诗一行，酒一壶，乘风揽月，笑傲乾坤，他永远是飘飘洒洒的诗仙模样。我们都在繁芜尘世跋涉，都要在风雨兼程中渐渐老去。最重要的是，惝恍流离的世界，以何种姿态走过。那是生命的质感。

鬓发苍白的李白，还要经受人生最后的磨难。乾元元年（758）二月，李白被判处"加役刑"，流放夜郎（今贵州桐梓县境内）。人生起落，着实让人猝不及防。三月,李白自浔阳出发,前往夜郎。宗夫人与其弟宗璟为他送行,李白留诗,几如诀别。

> 浪迹未出世,空名动京师。适遭云罗解,翻谪夜郎悲。
> 拙妻莫邪剑,及此二龙随。惭君湍波苦,千里远从之。
> 白帝晓猿断,黄牛过客迟。遥瞻明月峡,西去益相思。

流放,他只能独自上路。五十八岁,沐雨栉风。

前途未卜,相聚无期。难免感慨伤怀。

到底是李白,前往夜郎的途中,有不少人慕名为他送行,其中也不乏珍馐盛筵。李白写了很多酬谢之诗。在永华寺,他诗寄浔阳群官,其中写道:"天命有所悬,安得苦愁思"。命运多舛,谁都无可奈何。流放天涯,愁苦自不必说,却也只能放在诗里。他只能靠着天生的乐观和倔强,度过孤独的流放之旅。

路遇当年翰林院朋友辛判官,两人对饮,李白忍不住慷慨高歌,忆起了风流狂放的长安岁月。他写了首《流夜郎赠辛判官》,忆往昔峥嵘,然后回到现实,悒郁而荒凉。

> 昔在长安醉花柳,五侯七贵同杯酒。
> 气岸遥凌豪士前,风流肯落他人后。
> 夫子红颜我少年,章台走马著金鞭。
> 文章献纳麒麟殿,歌舞淹留玳瑁筵。
> 与君自谓长如此,宁知草动风尘起。
> 函谷忽惊胡马来,秦宫桃李向明开。
> 我愁远谪夜郎去,何日金鸡放赦回?

曾经,他身在长安,临风吟啸,醉卧花间。他是酒中之仙,风流俊赏,笑傲王侯。但那毕竟只是回忆。再华丽，也温暖不了现实。遥远的夜郎，去路艰险，归期未知。这就是他此时的处境。但无论如何，路在前方，总要一步步走下去。

活在人间，本就是修行一场。

冰刀霜剑，苦楚流离，都无处逃避。

我们只能以身体和信念，坚定地踏在路上。

于沉默中，踩出几分气定神闲。

现在，李白到了江夏（湖北武昌）。重临故地，物是人非。这里，他曾与孟浩然同游共醉，也曾在送别宋之悌时泪湿青衫。当然，也曾对着崔颢那首诗下不了笔。

如今，故交早已不在。而他自己，还在流放的途中。黄鹤楼上，玉笛声声，是呜咽的《梅花落》之曲。李白倍感凄凉，于是有了那首《与史郎中钦听黄鹤楼上吹笛》。

> 一为迁客去长沙，西望长安不见家。
> 黄鹤楼中吹玉笛，江城五月落梅花。

西汉贾谊，因指责时政，受到权臣谗毁，贬官长沙。而李白也因永王李璘事件受到牵连，被加之以"附逆"的罪名流放夜郎。"一为迁客去长沙"，用贾谊的不幸来比喻自身的遭遇，流露了无辜受害的愤懑，也含有自我辩白之意。

江城五月，正当初夏，当然是没有梅花的，但由于《梅花落》笛曲吹得非常动听，便仿佛看到了梅花满天飘落的景象。梅花是寒冬开放的，景象虽美，却不免给人以凛然生寒的感觉，这正是李白冷落心情的写照。

尽管如此，他还是没忘怀国事。他知道，安史之乱尚未平息。

只是，西望长安，只见茫茫的世界，尘埃满目。

某天，李白再次登上黄鹤楼，眺望鹦鹉洲，想起了三国时的祢衡。那也是一个惊才绝艳之人，而且恃才傲物。孔融深爱其才，在曹操面前称赞他，但曹操因被其辱，将他送与刘表。刘表又嫌其傲慢，将其送给了江夏太守黄祖。

黄祖的长子黄射在沙洲上大会宾客，有人献鹦鹉，他让祢衡写赋以娱嘉宾。祢衡揽笔而作，文不加点，辞采甚丽，后来，祢衡因狂傲不羁，被黄祖所杀，葬于沙洲，人们便将此处称为鹦鹉洲。

祢衡才高而自傲，终于不容于世。而李白自己，才学和性情与祢衡相似，漂泊一生，胸怀安定天下之志，终不为朝廷所用，暮年还要遭受流放天涯之苦。

才情绝世、超凡脱俗之人，往往难容于世。祢衡与李白，皆是如此。不知道，遥想那二十六岁便远离尘嚣的才子，李白会不会觉得，那样猝然而逝，生如夏花，绚烂一刹那，也不失为人生的完满？知道的是，触景生情，李白写了首《望鹦鹉洲怀祢衡》，颇见怨愤之气。

魏帝营八极，蚁观一祢衡。黄祖斗筲人，杀之受恶名。
吴江赋鹦鹉，落笔超群英。锵锵振金玉，句句欲飞鸣。
鸷鹗啄孤凤，千春伤我情。五岳起方寸，隐然讵可平。
才高竟何施，寡识冒天刑。至今芳洲上，兰蕙不忍生。

他说祢衡乃人中孤凤，却很不幸，因傲而死。

他悲愤难平，如五岳突起，既为才子不幸，也为世人俗陋。

愤激之后，是无限的哀惋。他说，就连兰蕙也为祢衡痛不欲生。

高步瀛《唐宋诗举要》评此诗："此以正平（即祢衡）自况，故极致悼惜,而沉痛语以骏快出之,自是太白本色。"这话不无道理。李白的人生,也足以让他自己,让后来的人们,愤慨和惋惜。

李白在江夏停留了数月,直到秋天,才重新进发夜郎。

再次上路,仍是形单影只。路的前方,还是路。

黄鹤楼的笛声犹在耳边。梅花簌簌。

冬天,李白抵达夜郎。本就地处荒僻,又是严寒时节,他能感受到的,只有寂寥和萧索。苏轼被贬黄州,旷达如他,也发出了寂寞沙洲冷的感叹。相比黄州,夜郎恐怕更加苦寒。流放于此,遥遥无期,对于暮年的李白,无疑是一种苦行。

只有诗,可作柴火,温暖凄凉冬日。

亦可作青草,于岁末寒冬,借得几分春意。

他给宗夫人写信,希望家书能给自己些许慰藉。

夜郎天外怨离居,明月楼中音信疏。
北雁春归看欲尽,南来不得豫章书。

漫步于野村,见农家所种蜀葵,便题诗《流夜郎题葵叶》:"惭君能卫足,叹我远移根。白日如分照,还归守故园。"飘零一生,他终于有了落叶归根的念想。

与当地姓易的秀才闲谈,感慨丛生,李白也写诗相赠。

少年解长剑,投赠即分离。何不断犀象,精光暗往时。
蹉跎君自惜,窜逐我因谁。地远虞翻老,秋深宋玉悲。
空摧芳桂色,不屈古松姿。感激平生意,劳歌寄此辞。

人在天涯,最难忍的是孤独。何况,李白是被流放至此。

从前，即使孤独，也可以对着明月，浅斟低吟。如今了无兴致。

让他欣慰的是，还有温柔的妻子在远方，等着他遇赦回家。

李白不知道的是，他的知己，红尘中最好的朋友，曾与他抵足而眠的杜甫，从未忘记他。尽管十余年未见，但那份知己之情有增无减。他的行踪，他的悲喜，杜甫始终惦念于心，配得上知己二字。

李白下狱，背着附逆的罪名，杜甫写诗说："世人皆欲杀，吾意独怜才。"李白长流夜郎，杜甫忧心如焚，连续梦见李白，然后写了两首《梦李白》，情真意切。他说，死别已吞声，生别常恻恻；他说，故人入我梦，明我长相忆。

浮云终日行，游子久不至。三夜频梦君，情亲见君意。
告归常局促，苦道来不易。江湖多风波，舟楫恐失坠。
出门搔白首，若负平生志。冠盖满京华，斯人独憔悴。
孰云网恢恢，将老身反累。千秋万岁名，寂寞身后事。

真正的朋友就该如此，知你冷暖，懂你喜悲。

哪怕天涯相隔，也能以真情，遥相牵念，不含半点虚与委蛇。

夜郎的日子，很寂静，很荒凉，李白只好回味人生。算起来，竟只是一场不知归期的流浪，充满了愤懑与悲凉。尽管如此，仔细品读，沉甸甸的，也是春华秋实的况味。

应该是这样，纵然浪迹一生，认真了，也能踩出厚重。

人生是本耐读的书，不时翻翻，偶尔合上。

默然欢喜，也不胜唏嘘。

为君槌碎黄鹤楼

流水断桥芳草，淡云微雨闲花。

我们总是希望，人生是这样，轻描淡写。

然而，真实的情况却是，有聚有散，有悲有喜；有清朗有黯淡，有沉醉有低回。花有开有谢，月有圆有缺，人去人来，云卷云舒，我们就在这离合变幻之间，寻找立足点，和最后的归途。人生就该是起起落落的，有风有雨的日子，才承载了生命的重量。

李白的人生，一路颠簸，可谓风雨兼程。

但他，走得倔强。偶尔纵横吟啸，偶尔对酒当歌。

纵是冷落徘徊，也永远昂着头，笑傲乾坤。

乾元二年（759）春，关中地区遭遇大规模旱情，朝廷颁布了一条特赦令：天下现禁囚徒，死罪从流，流罪以下一切放免。获赦的李白，立即欢喜而归。在白帝城，他乘舟顺流而下，写了著名的《朝发白帝城》：

> 朝辞白帝彩云间，千里江陵一日还。
> 两岸猿声啼不住，轻舟已过万重山。

显然，突然来临的自由，让他无比兴奋。

从山重水复，到柳暗花明，几乎是重生的况味。

这个五十九岁的男人，长时间的煎熬后，一旦获释，便又有了长风破浪的豪情快意。于是，下笔的时候，满是意气风发。依稀之间，他仍是从前鲜衣怒马的少年。

世间的我们，容易在生活面前折服和气馁，历经挫折坎坷，往往会摇头叹息，继而沉默，安于平淡。李白却非如此，在生活面前，他永不言败，永远不说谦卑，即使是在华发年岁。此时，他那颗济世之心，又活络了起来。烈士暮年，壮心不已，大概就是这样。

不久后，他又至江夏。去的时候，玉笛声乱，五月落梅花。

如今以自由身归来，晴川历历，芳草萋萋。

他诗寄王明府，表达了辅君济世的愿望。

去岁左迁夜郎道，琉璃砚水长枯槁。
今年敕放巫山阳，蛟龙笔翰生辉光。
圣主还听子虚赋，相如却与论文章。
愿扫鹦鹉洲，与君醉百场。
啸起白云飞七泽，歌吟渌水动三湘。
莫惜连船沽美酒，千金一掷买春芳。

纵使经历千般冷落，他仍相信，自己有匡扶江山之用。

他以司马相如自况，对王明府说，"圣上还想看《子虚赋》，我还能在他面前纵论文章。"当然，他想纵论的，是治国平天下的大道。带着莫名的喜悦，他说，要千金一掷，买尽春色；他说，要饮尽满船美酒，大醉百场。

也只有他这样的豪纵之人，才能在历经晦暗年月后，还能保持这样的自信。世事凌乱不堪，人性曲折难测，而他，始终保持着天真。记得，张充和曾这样评价沈从文：星斗其文，赤子其人。李白亦是如此，诗文千古璀璨，性情旷逸天真。

江夏太守韦良宰要赴京任职，李白与之把酒话别，写了首很长的诗赠与好友，题为《经乱离后天恩流夜郎忆旧游书怀赠江夏韦太守良宰》，回顾人生历程的同时，陈述了自己的政治感慨和抱负。最终目的，是希望入朝为官的韦良宰举荐自己。

> 试涉霸王略,将期轩冕荣。时命乃大谬,弃之海上行。
> 学剑翻自哂,为文竟何成。剑非万人敌,文窃四海声。
> 儿戏不足道,五噫出西京。临当欲去时,慷慨泪沾缨。

忆及从前,诗名四海皆知,却未得重用。仔细想来,舞文弄墨,实在微不足道。离开长安时,看似潇洒,实则满心悲伤。然后,他写到北上幽州,明知安禄山有不臣之心,却无处言说,心里苦闷不已。

继而,写到了安史之乱。烽火连天的岁月,两京失陷,百姓流离。他空怀报国之心,却无处使力。

> 草木摇杀气,星辰无光彩。白骨成丘山,苍生竟何罪。
> 函关壮帝居,国命悬哥舒。长戟三十万,开门纳凶渠。
> 公卿如犬羊,忠谠醢与菹。二圣出游豫,两京遂丘墟。

当然,他也写到,隐于庐山五老峰,永王军队经过,他被空名自误,入了永王幕府。怀着一颗慷慨救国之心,却落得入狱和流放的下场。既陈述了自己的清白,又说明自己始终心向朝廷。

最后他说,赦书忽至,流放归来。叛乱尚未平定,江山未得安稳,他仍在为国事日夜烦忧。所以,希望好友入京以后,能予以荐举,使自己有报国的机会。他也希望,朝廷能得如后羿那样的良将,射杀叛贼,还天下以清平。

> 传闻赦书至,却放夜郎回。暖气变寒谷,炎烟生死灰。

> 君登凤池去，勿弃贾生才。桀犬尚吠尧，匈奴笑千秋。
> 中夜四五叹，常为大国忧。旌旆夹两山，黄河当中流。
> 连鸡不得进，饮马空夷犹。安得羿善射，一箭落旄头。

这首长达八百余字的诗，李白倾注了很大的热情和期许。

然而，等了许久，终无回响。从前他被弃置不用，如今因涉身永王之事，肃宗必然对他心存芥蒂，他想要东山再起，更是希望渺茫。他在江夏停留数月，希望能得人荐引，却都不见下文。于是，他只好在狂歌痛饮中遣愁驱闷。

那段日子，李白遇见了长安故人、时任南陵县令的韦冰。刚遇大赦，又逢故人，使他惊喜异常，如坠五云。忍不住，将满腔悲愤说了出来。是一首《江夏赠韦南陵冰》。

> 胡骄马惊沙尘起，胡雏饮马天津水。
> 君为张掖近酒泉，我窜三色九千里。
> 天地再新法令宽，夜郎迁客带霜寒。
> 西忆故人不可见，东风吹梦到长安。
> 宁期此地忽相遇，惊喜茫如堕烟雾。
> 玉箫金管喧四筵，苦心不得申长句。
> 昨日绣衣倾绿尊，病如桃李竟何言。
> 昔骑天子大宛马，今乘款段诸侯门。
> 赖遇南平豁方寸，复兼夫子持清论。
> 有似山开万里云，四望青天解人闷。
> 人闷还心闷，苦辛长苦辛。愁来饮酒二千石，寒灰重暖生阳春。
> 山公醉后能骑马，别是风流贤主人。
> 头陀云月多僧气，山水何曾称人意。

> 不然鸣笳按鼓戏沧流，呼取江南女儿歌棹讴。
> 我且为君槌碎黄鹤楼，君亦为吾倒却鹦鹉洲。
> 赤壁争雄如梦里，且须歌舞宽离忧。

诗的开始，追忆了从前。他说：安史乱起，两人各自奔亡，地北天南，无缘相见。而当叛乱初平，肃宗返京，他却锒铛入狱，披霜带露，长流夜郎，自觉将凄凉了却残生。没料到，竟有幸遇赦，又在这里遇到了故人，实在是喜出望外。

此时的他们，其实都是失意之人。李白是获赦的罪人，韦冰系被贬的官员。在抒写重逢之喜的同时，这首诗也寄托了李白的悒郁和愤慨。甚至，还有对肃宗以及朝廷的皮里阳秋的讥刺。

爱国的壮志，济世的雄图，几十年后仍被熟视无睹。

只如一场天真的迷梦。他无法不悲愤。

诗的末尾，笔势奔放恣肆，强烈的悲愤，如山洪汹涌而来。愁闷连着悲凉，失意连着心酸，他只有借酒浇愁，痛饮狂歌，将这繁芜的人间忘却。因为这无法排遣的愁怀，就连江城，以及其中的云烟山水，都只如苦行之僧，毫无乐趣。既然如此，不如将自己交给烟街画舫，在轻歌曼舞中了却余生。

他排斥了自己以往自适的爱好，并非自暴自弃，而是极度苦闷的暴发，激烈悲愤的反抗。最后十四句，情调愈转越激烈。矛头针对黑暗的政治和冷酷的现实。"我且为君捶碎黄鹤楼，君亦为吾倒却鹦鹉洲"，是历来传诵的名句。

"黄鹤楼"因神仙骑鹤上天而闻名，"鹦鹉洲"因祢衡而得名。一个令人向往神仙，一个触发不遇的感慨，虽然是传说和历史，却寄托了韦冰和李白的情怀遭际。

游仙不是志士的理想,而是失志的归宿;

不遇本非明时的现象,却是自古而然的常情。

李白以知己的情怀,对彼此的遭际表示了极大的激愤,因而要捶碎黄鹤楼,倒却鹦鹉洲。意思是,这残破的人间,不该怀有梦想,不必自寻烦恼,只应长醉不醒。显然,这是他无可奈何的悲伤。

乾元二年(759)秋,李白来到岳阳,遇见了贾至和族叔李晔。贾至是李白故友,天宝末年为中书舍人,后出为汝州刺史。李晔本为刑部侍郎。两人皆是被贬途经岳阳。相聚于他乡,难免产生沦落天涯的感伤。同游洞庭湖,李白写了五首游洞庭诗。

他说,且就洞庭赊月色,将船买酒白云边。

他还说,记得长安还欲笑,不知何处是西天。

看似把酒狂歌,极尽欢愉,是潇洒快活的模样。

其实,痛苦和哀愁,彼此都明了。只是不言,且醉杯中酒而已。

深秋,闻襄州叛将张嘉延袭破荆州,李白写了首《荆州贼乱临洞庭言怀作》。其中写道:长叫天可闻,吾将问苍昊。意思是,仰首问天,是否知晓我平定叛乱的心愿?

那时候,他还写了首《临江王节士歌》。

洞庭白波木叶稀,燕鸿始入吴云飞。吴云寒,燕鸿苦。
风号沙宿潇湘浦,节士悲秋泪如雨。白日当天心,照之可以事明主。
壮士愤,雄风生。安得倚天剑,跨海斩长鲸。

没错,安得倚天剑,跨海斩长鲸。

他是诗人李白,亦是壮士李白。壮怀激烈,披肝沥胆。

可那颗炽热的报国心,被惨淡的现实湮灭了。他的赤胆忠心,无人过问。

渐至花甲之年,他依旧慷慨壮烈,气贯长虹。却只能仰天长啸,继而沉默,踯躅于世事阡陌、风雨江湖。遥遥望去,是一个萧索的背影。但,依旧挺拔。那是他生而有之的倔强。行于人间,他始终堂堂正正。

将以后走成了从前,将春花走成了秋月。

最后,也将自己走成了过客。

此去无声

席慕蓉说,一生或许只是几页诗稿。

不断修改,不断誊抄。从青丝改到白发,有人还在灯下。

往往是,改了千百遍仍有缺憾,却到了尘埃落定之时。就像旅行,走了很远,过了云烟变幻,过了山高水长,归去时仍觉得心有遗憾。遥远的路上,我们再倾情欣赏,也总会错过。未遇之人,未见之景,都是遗憾的理由。

人生本就如此,有得便有失,有相逢就有错过。

我们需要做的,是在属于自己的风景和故事里,尽情尽意。

如此,多年以后,回首往事,可以坦然地说:此生不曾虚度。

对于李白来说,最大的遗憾就是未能完成辅弼天下的抱负。但他为之奋斗终生,无怨无悔。而且,经历无数次的风雨飘零,他仍旧倔强地立着,永远是不折不挠的模样。对生活,对世事,他永远乐观而豪放。失意落寞时,也不过是将自己灌醉,一壶酒,几首诗,再从醉意中醒转,遇见日光倾城。

他未曾去到的地方，或许是他本不该去的。

官场昏暗，人心难测。而他，太孤高，太澄澈。

上元元年（760）秋，李白回到浔阳，再登庐山。庙堂难入，他只能寄身江湖，纵情山水，寻仙访道。原本，这才是与他旷逸性情相合的生活。他写了首《庐山谣寄卢侍御虚舟》，表现了狂放不羁的性格，和政治理想破灭后寄情山水的愿望。

我本楚狂人，凤歌笑孔丘。手持绿玉杖，朝别黄鹤楼。

五岳寻仙不辞远，一生好入名山游。庐山秀出南斗傍，屏风九叠云锦张。

影落明湖青黛光，金阙前开二峰长，银河倒挂三石梁。

香炉瀑布遥相望，回崖沓嶂凌苍苍。翠影红霞映朝日，鸟飞不到吴天长。

登高壮观天地间，大江茫茫去不还。黄云万里动风色，白波九道流雪山。

好为庐山谣，兴因庐山发。

闲窥石镜清我心，谢公行处苍苔没。

早服还丹无世情，琴心三叠道初成。

遥见仙人彩云里，手把芙蓉朝玉京。

先期汗漫九垓上，愿接卢敖游太清。

他本是接舆那样的狂士，该嘲笑汲汲于功名的孔丘。

这样说着，不禁哑然。终其一生，都执着于理想。

花甲之年，李白仍旧矛盾。既想摆脱俗世羁绊，又留恋现实。

未能居庙堂之高，实现安邦济世之宏愿，终是心有不甘。

上元二年（761）暮春，李白送宗夫人上庐山修道，写了两首《送内寻庐山女道士李腾空》。其中写道："水春云母碓，风扫石楠花。若爱幽居好，相邀弄紫霞。"而他自己，并未选择庐山归隐，而是继续漂泊，往来于金陵、宣城等地。

日子窘迫，有时候甚至无钱沽酒。幸好，有故友新交接济。他在诗中写道："黄金逐手快意尽，昨日破产今朝贫。丈夫何事空啸傲，不如烧却头上巾。"

他说，宝剑空悬腰间，不如解下换酒

他说，清明时代，野有遗贤，连三尺小儿都可以随意唾弃。

很显然，即使是暮色苍苍，他仍是愤懑的。

上元二年（761）五月，朝廷命令李光弼为天下兵马大元帅，举兵百万南下，扫除史朝义叛军。闻此消息，李白再次振奋，前往请缨。然而，行至半道，他便病倒了。不久，他写了首诗，记述了此事始末，题为《闻李太尉大举秦兵百万出征东南，懦夫请缨，冀申一割之用，半道病还，留别金陵崔侍御十九韵》。

天夺壮士心，长吁别吴京。金陵遇太守，倒屣相逢迎。
群公咸祖饯，四座罗朝英。初发临沧观，醉栖征虏亭。
旧国见秋月，长江流寒声。帝车信回转，河汉复纵横。
孤凤向西海，飞鸿辞北溟。因之出寥廓，挥手谢公卿。

老骥伏枥，志在千里；烈士暮年，壮心不已。

可惜，天不遂人愿。驰骋疆场的愿望，也破灭了。

生活本就窘困，又疾病缠身，李白只好前往当涂，投靠族叔李阳冰。

在写给后者的《献从叔当涂宰阳冰》中，他这样写道：

小子别金陵，来时白下亭。群凤怜客鸟，差池相哀鸣。
各拔五色毛，意重泰山轻。赠微所费广，斗水浇长鲸。
弹剑歌苦寒，严风起前楹。月衔天门晓，霜落牛渚清。
长叹即归路，临川空屏营。

意思是，离开金陵时，虽受人接济，却也是杯水车薪。

所以，只好弹剑而歌。从前是理想之歌，如今变成了苦寒之歌。

不屈于生活的李白，现在只能求族叔相助。

李阳冰为书法家，擅长小篆，时为当涂县令。他为人慷慨，加之钦慕李白之才，因此对李白非常照顾。李白总算有了栖身之处，待病情好转，便在附近各地游走，打发时光。偶尔，忆起故乡，默然不语。

蜀国曾闻子规鸟，宣城还见杜鹃花。
一叫一回肠一断，三春三月忆三巴。

多年以后，故乡早已成为异乡。

浪迹人间，我们都属于远方。所谓故乡，往往只是回不去的地方。

宝应元年（762），玄宗和肃宗相继病故，李豫继位，即唐代宗。次年春，安史之乱结束。而李白，在宝应元年秋，病情加重。他将平生著作手稿交给李阳冰，托付他整理编集并为之作序。

后来，李阳冰不负所托，编成了《草堂集》，并写了《草堂集序》。其中写道：当时著述，十丧其九。很遗憾，飘零一世，未能成就功业，诗文亦是大部分散失。尽管如此，他的人生已足够丰盛。

他是这样，诗酒在手，便可风流千古。

宝应元年十一月，李白于当涂病逝，享年六十二岁。

去时，有《临终歌》留世。

> 大鹏飞兮振八裔，中天摧兮力不济，余风激兮万世。
> 游扶桑兮挂左袂，后人得之传此，仲尼亡兮谁为出涕。

他自诩大鹏，扶风而上，便可一去九万里。于是，飞过桑田沧海，从来没想过要停下来。但他终于累了，于是飘然而去。身后，红尘路远，世事芜杂。

后来的人们没有辜负他。千年以后，还有人为他赞叹和伤怀。

他去了，诗还在。只是，一个时代的性格就此终结。

那年七月，杜甫在成都送严武入朝，获悉李白在当涂养病，写诗遥寄，题为《寄李十二白二十韵》。诗写得很长，回顾了李白生平，回忆了他们纵情的日子。但杜甫的心，定然是焦灼的。关于他们，我们能回味的，不仅是诗，不仅是诗酒流连，还有知己之间绝无渣滓的情谊。

> 昔年有狂客，号尔谪仙人。笔落惊风雨，诗成泣鬼神。
> 声名从此大，汩没一朝伸。文采承殊渥，流传必绝伦。

李白去世后，被葬于当涂县采石江边。永王案终于昭雪，唐代宗追授李白左拾遗。贞元三年（787），刘赞为宣城太守，将李白墓从采石迁出，葬于龙山。

元和十二年（817），范传正任宣州、歙州、池州观察使，又将李白墓从龙山迁往当涂东南的青山之阳，并撰写了墓志铭。彼时，李白早已长眠。世间之事，与他再无瓜葛。只有他的诗和人生，以及傲岸不羁的性格，常被人们说起。

他有入世之心，也有出尘之念；他如飘萍，但始终坚定。命运多舛，世事维艰，但他从未舍弃人格独立与精神自由。他是璀璨夺目的，更是无可取代的。

李白的人生可谓萧索。终身为理想奔走，却始终夙愿难了，暮年还经历了牢狱之灾和流放之苦。但这些，都不影响他以诗人的姿态，立于岁月之上，把酒吟诵，长啸仰天。他在人间流浪，带着微薄的行李，和丰盛的自己。于是，诗酒酬唱之间，已被岁月典藏。

人生困顿，命运多蹇，他活得足够尽情。

他去了，很沉默。但是千年以后，仍有回响。

世界苍白而喧嚷。总有芳草，于野径荒原，倔强地长出。

那是一种叫诗的东西。

随园散人

2018年4月，于神木

图书在版编目（CIP）数据

一声狂笑，半个盛唐：李白传 / 随园散人著.
-- 南京：江苏凤凰文艺出版社，2018.8
ISBN 978-7-5594-2221-7

Ⅰ.①一… Ⅱ.①随… Ⅲ.①李白（701-762）
－传记 Ⅳ.①K825.6

中国版本图书馆 CIP 数据核字 (2018) 第 119329 号

书　　　名	一声狂笑，半个盛唐：李白传
作　　　者	随园散人
选 题 策 划	鲤伴文化
责 任 编 辑	姚　丽
特 约 编 辑	魏　佳
责 任 监 制	刘　巍
封 面 设 计	北京弘果文化传媒
出 版 发 行	江苏凤凰文艺出版社
出版社地址	南京市中央路165号，邮编：210009
出版社网址	http://www.jswenyi.com
印　　　刷	山东临沂新华印刷物流集团有限责任公司
开　　　本	32开
字　　　数	124千字
印　　　张	7.5
版　　　次	2018年8月第1版，2020年7月第8次印刷
标 准 书 号	978-7-5594-2221-7
定　　　价	42.00元

影视版权抢订热线　010-57194853

江苏凤凰文艺版图书凡印刷、装订错误可随时向承印厂调换